弁護士先生!!
顧問会社の本当の姿を知ってます？

弁護士が知っておくべき**会計・税務**

公認会計士・税理士
宮田 敏夫 著

執筆協力
翔和総合法律事務所
山崎 勇人／久保 潤弥

清文社

はじめに

「宮田さん、チョット教えてほしいんだけど…」

10年間勤めた監査法人を退職して約7年経ちました。監査法人時代は弁護士との接点はゼロであり、退職当時はまさか弁護士の先生方と一緒に仕事をする機会に恵まれるとは思いもしませんでした。ところが今では公認会計士や税理士の仲間と話すよりも、弁護士の先生方と話している時間の方が長いほど、弁護士の先生方と一緒に仕事をする機会が多くなりました。お陰で、私が法的解釈で困ったときには弁護士の先生方の意見を気軽に伺える一方、弁護士の先生方も冒頭のように、私に会計や税務に関する事項を気軽に相談していただける、という関係になりました。

弁護士の先生方と一緒に仕事をさせていただき、また気軽に質問をし合う中で気付いたことは、「弁護士も普通の人なんだ」ということです。

こんなことを言うと弁護士の先生方から怒られるかもしれませんが、私が弁護士と知り合う前の弁護士に対するイメージは「怖い」「堅い」「真面目」「何でも知っている」という感じでした。世間の弁護士に対するイメージもそれほど変わらないと思います。しかし、仕事以外の場面でも弁護士の先生方と話すようになると、弁護士にもいろいろなタイプがあり、当初のイメージどおりの先生からイメージを覆すような先生まで幅広くいることがわかり、私の中でイメージでしかなかった「弁護士」は、いつしか個性を持った「人」として認識するようになりました。

一方、日本最難関の資格試験といわれる司法試験を通った人たちだけあって、弁護士の頭の回転の速さにはしばしば舌を巻きます。法律

という視点を通じて会計・税務の質問をしてくるときの鋭さは、しばしば私を絶句させます。会計を生業としている私には考えもしないような視点で質問をしてくるので、刺激的かつヒヤヒヤの連続です。

　本書は、公認会計士と弁護士2名の日常会話の中で、会計知識を深めていくというストーリーになっています。弁護士2名の「人」としての個性を出しつつ、初級本にありがちなQ&A形式を避けるため、具体的な会話形式としました。会話の中で、時には弁護士からの質問に公認会計士が回答に窮する場面もでてきます。これは、実務では答えがでないというようなケースも多々あるためです。また、会話形式にして読みやすさを追求していますが、内容は会計初級本より少し高めに設定しています。現在出版されている会計本の多くは、会計の初級本か専門書であるという現実があります。前者は、弁護士が実務で使用するのに耐えられるレベルでなく、後者は、公認会計士や税理士、経理担当者等会計を生業としている者を対象としているため、弁護士に本当に必要な会計知識の範囲を大幅に超えてしまいます。この差を埋めるべく、弁護士の先生方が実務で少しでも役に立つようにしました。

　また、本書は弁護士の先生方との会話ですが、弁護士以外の方が読んでも興味が持てるような内容を盛り込みました。公認会計士の常識は弁護士の常識とは異なりますし、もちろん弁護士以外の方の常識とも異なっています。弁護士以外の方であれば、「公認会計士が言ってるからそうなんだろう」と納得してくれるかもしれませんが、弁護士というフィルターを通じて公認会計士に突っ込んでいく箇所は、弁護士以外の方も疑問に思う箇所と重なると思います。公認会計士も「人」ですし、会計は万能ではありません。是非、公認会計士や税理士に対して疑問に思うことがあったら、納得できるまで疑問をぶつけてみてください。いつもキレイに回答している公認会計士だけを信用するの

ではなく、回答に詰まりながらも限界を教えてくれる公認会計士の方が、ある意味正直だと思います。本書を通じて、読者が会計に関するより深い知識を得られることに加え、弁護士や公認会計士の「日常会話」を通じて弁護士や公認会計士をより身近に感じていただくことができれば、望外の喜びです。

　本書を執筆するにあたり、翔和総合法律事務所の山崎勇人弁護士、久保潤弥弁護士は本書の会話の相手として登場することに快諾をいただきました。改めて御礼を申し上げます。なお、本書の会話はすべて著者によるフィクションであり、実際の発言内容とは異なることを申し添えます。

　本書は、神谷陽一公認会計士のサポート及びアイディアがなければ日の目を見ることはありませんでした。この場を借りて、深く御礼申し上げます。

　また、出版にあたっては清文社の橋詰守氏のご尽力が非常に大きく、また、大変なご迷惑をおかけしてしまいました。深くお詫びするとともに、粘り強くお付合いいただいたことに大変感謝いたします。

2014年12月

宮田　敏夫

目次

はじめに

序 章
弁護士が決算書を読み込むとき ………… 1

第1章
基本的な決算書の読み方 ………… 9

1. 決算書を入手するには **16**
2. 比較から始めよう **19**
3. 増減比較と、様々な指標 **23**
4. 黒字倒産はなぜ起こる? **27**
5. 倒産する兆候を一目で見分ける方法はあるか? **29**
6. 債務超過って? **33**
7. 損益計算書から何がわかる? **38**
8. キャッシュ・フロー計算書は一目で会社の状況がわかる? **47**
9. 売上債権と棚卸資産から粉飾決算を読み取れ **53**
10. 上場企業と中小企業の違いは? **60**
11. 税理士は気にする役員報酬 **67**
12. 決算書から会社の状況を知ることができるのか? **73**

第2章
決算書の
信頼性と粉飾決算 ………… 77

0. 久保弁護士とC社X社長の会話 *78*
1. 怪しい決算書 *82*
2. ○（決算調整）と×（粉飾）の境目 *85*
3. △な会計処理とは? *90*
4. 粉飾決算の内容 *96*
5. 架空取引とは? *98*
6. 取引の隠ぺい *103*
7. 見積りの変更 *108*
8. 粉飾決算は見抜けるか? *112*
9. 粉飾決算と法的責任 *116*
10. 税務当局/税理士は粉飾決算を指摘する? *120*

第3章
株価算定 ………… 125

0. A社Z社長と山崎弁護士の会話 *126*
1. 株価算定の必要性 *129*
2. 売手と買手の価格差が生じるのは? *132*
3. 株価算定の方法①　ネットアセット・アプローチ *137*
   - 3-1　売上債権の回収可能性、棚卸資産の評価 *141*
   - 3-2　固定資産の時価 *143*
   - 3-3　有価証券の時価評価 *146*
   - 3-4　退職給付引当金、役員退職慰労引当金 *148*
   - 3-5　仮払金、立替金、仮受金等 *153*
   - 3-6　繰延税金資産 *154*

  3-7 のれんの評価 *156*
  3-8 会社の将来予測① *157*
 4. 株価算定の方法② インカム・アプローチ *160*
  4-1 DCF法 *160*
  4-2 会社の将来予測② *162*
  4-3 将来キャッシュ・フロー *163*
  4-4 設備投資・運転資金・借入金 *166*
  4-5 割引率 *167*
 5. 株価算定の方法③ マーケット・アプローチ *172*
 6. 非流動性ディスカウント、コントロールプレミアム *175*
 7. 株価算定結果を報告するために必要なこととは? *176*
 8. 株価算定書があれば税務問題は解決するか? *179*

第4章
再生及び解散と税務処理 ······ 183

 0. C社X社長と久保弁護士の会話 *184*
 1. 法的整理より私的整理の方が良い? *187*
 2. 再建計画① B/SとP/Lの修正 *190*
 3. 再建計画② 債務免除 *197*
 4. 再建計画③ 将来キャッシュ・フロー *201*
 5. 私的整理から法的整理への移行 *204*
 6. 税務上の事業年度 *208*
 7. 民事再生法、会社更生法の税務処理 *212*
 8. 清算事業年度の税務処理 *217*
 9. 清算中の法人の納税 *219*

あとがき

本書籍の内容は、平成26年12月1日現在の法令等に依っています。

序章

弁護士が決算書を読み込むとき

「宮田さん、チョット教えてほしいんだけど…」

山崎弁護士は、一冊の書類を片手に宮田会計士の部屋にやってきた。山崎弁護士を含めた弁護士4名は宮田会計士と共同で東京の四ツ谷にあるビルの5Fを借りている。宮田会計士は弁護士4名とは別の部屋で仕事をしているが、同じフロアで事務所を開業している環境もあり、こうして気軽に仕事の話をする機会は多い。

「この会社だけど、意見を聞かせてくれない。自分の顧問先でA社という会社なんだけど、近年ずっと業績が悪いんだ。技術力は確かなものがあるけど、このままでは資金繰りも厳しいし、次の一手を考えないといけないと思っているんだ。それで、まずは会計の点からA社の状況がどう見えるのか、教えてほしいと思って」

山崎弁護士はA社の決算書を宮田会計士に差し出した。

「決算書は1期分だけですか？ できれば3期分くらいあると助かります」

「ちょっと待って。3期分あるか聞いてみるよ」

山崎弁護士が顧問先に電話をしてしばらくすると、山崎弁護士のメールにA社の過去3期分の決算書がPDFファイル形式で届いた。

「はい、3期分。これでお願い！」

宮田会計士は印刷された3期分の決算書を受け取ると、パラパラと見比べ始めた。

5分後、宮田会計士は山崎弁護士のブースへ説明に行く。

「山崎さん、ざっと見ましたよ。どこから説明しましょうか？」

「もう検討したの？ 早いね。さすが会計士！」

「これでご飯を食べていますから。弁護士だって、依頼者から話を聞いている段階である程度結論に向けた方向性を判断できますよね。それと同じですよ」

「まあ、そう言われればそうだね。じゃあ、結論からお願いします」
　宮田会計士はＡ社の決算書を見せながら、説明を始めた。

・・・・・

「なるほど。やっぱりＡ社はあまり良くないんだね。技術力はあるけど、生かし切れていないということかな。宮田さん、ありがとう。ところで、５分程度でそこまでわかるのはやっぱりすごいな。見るポイントとか決まっているの？」
「決算書って、どこの会社でも同じフォームですから、慣れてくるとどこから見ればいいかわかるんですよ。決算書の見方は一度わかってしまえば、後はすべてに応用できますから」
「決算書の見方って、簿記とか理解しないとわからないんじゃないの？　やっぱり宮田さんのようなプロに任せた方が安心だな」
「弁護士の先生が私と同じレベルで決算書を読めるようになったら、それこそおまんまの食い上げですよ。でも、基本的なことさえ身につけておけば、業績が良いか悪いか、会社が潰れそうかどうか、粉飾がありそうかどうかのスクリーニングはできるようになりますよ」
「俺みたいな弁護士が、打合せの場で決算書を提示されて、その場で回答できたらカッコいいよな」
　久保弁護士はそう言って、興味ありげに山崎弁護士のブースにやってきた。
「簡単に決算書を読める方法があるなら、俺にも教えてよ！」
「久保くんはいつも、『カッコいい』か『カッコ悪い』かが判断基準なんだな…」
　山崎弁護士は半ばあきれ顔でつぶやいた。
「山崎先輩さぁ。カッコいいのもあるけど、決算書を見てすぐに判断できれば仕事も早くなるし、クライアントに対しても『数字もわか

る弁護士』ってアピールになるじゃん。俺らの仕事ってクライアントからの信用が第一なんだから、それってスゲー大事なんじゃないの？」
　宮田会計士が二人の顔を見比べながら、言った。
「じゃあ、ちょうど山崎さんが持ってきたＡ社を見てたから、これを基に簡単に説明しましょうか」
「いや。もうＡ社は山崎先輩に説明したんでしょ。だったらもう必要ないじゃん。俺も同じような依頼をされていたＢ社とＣ社があるから、そっちで説明してよ。Ｂ社はワンマンなおじいちゃん社長が権力をもっていて、赤字決算が続いているんだけど、赤字決算続きだから融資を受けようにも悪影響がでるんじゃないかって懸念をもっているんだ。逆にＣ社って黒字決算が続いているんだけど、経理社員はすぐ辞めちゃうし社長の良くない噂も聞くし、少し気になっていたんだよ。できればコッチもお願い！」
「久保くん、相変わらず調子いいなぁ。本当は宮田さんに見てもらおうと思っていただろ」
「ちょうど先輩と宮田さんでそんな話していたからね。あとで自分もお願いしようと思っていたところなんだ。せっかく決算書の見方の話が出てきたから、Ｂ社とＣ社で説明してもらえれば俺も真剣に聞くし、一石二鳥だろ」
「説明する側からしたら、どこの会社でも構わないですよ。ただ、説明に適した会社と説明しにくい会社があるから、ざっとＢ社とＣ社の決算書も見せてください」
　宮田会計士はＢ社とＣ社の決算書を受け取ると、自室へと戻っていった。

・・・・・

　約１時間後、宮田会計士は久保弁護士のブースを訪ねた。

「久保さん、B社とC社の決算書見ましたよ。見たんだけど、チョット…」
 宮田会計士は手元の決算書に目を落とした。
「何？何？　何か問題でもあった？」
「決算書の比較だけだから結論めいたことは言えないけど。B社もC社も少し数字の動きが気になります。B社は社長がワンマン、C社はあまり良くない噂とか、社員の退職が続いてるって言ってたと思うけど」
「そうそう。B社もC社もそんな感じ。それが決算書とどういう関係があるんだ？」
「B社は社長がワンマンという理由があれば、何となく状況は想像がつく決算書です。でも、C社は決算書が『気持ち悪い』んです。これは、会計士としての直感だけど」
「会計士でもない俺に、直感で説明されてもきついな。少し具体的に話してよ」

「どうしたの？　さっきの2社の分析が終わったのかい？」
 久保弁護士と宮田会計士の会話が聞こえたのか、山崎弁護士が久保弁護士のブースに入ってきた。
「終わったというより、疑問点が多くてよくわからないんです」
 宮田会計士は首をかしげながら、続けた。
「山崎さんが持ってきたA社は、シンプルな業績不振企業という感じで、特に疑問な点はないと思います。業績不振という時点でその原因を探らないといけないけど、少なくとも決算書の分析上は特におかしな動きはないように見えます。だから5分もあれば、ざっくりとした概要がわかるんだけど…」
「俺の持ってきたC社はそれではわからないってこと？　で、何が

違う？」
　久保弁護士はイライラし始めている。自分の顧客に係わる問題だけに真剣だ。
　「B社は代表者が絡んだ取引が多いように見えるから、この内容を明らかにすればスッキリすると思います。一方、C社は利益計上もしていて、見た目の業績は悪くない。でも、売上が急増しているし、売上の増加以上に売上債権が増加し続けている。それに、在庫も増え続けているのが気になります。大口の得意先で何かあったか、それとも…」
　「粉飾ってこと？」
　山崎弁護士が口をはさんできた。
　「いや、粉飾といえるかどうかはわかりません。まだざっくりと決算書を見ただけですから。他にも、固定資産がそれほど増減していないのに、減価償却費は大幅に増減していますが、これは不自然だと思います」
　宮田会計士は続けた。
　「あと、中小企業なのに繰延税金資産を計上しているし、その割に法人税等の金額が均等割だけしか支払われていないのも疑問です」
　「ちょっとまった！　俺、会計の専門家じゃないんだから、そんなに専門用語使われてもわからないよ。中学生にもわかるように話してよ」
　「失礼しました。端的にいうと決算書が恣意的に作成されている気がします。節税対策をしつつ、でも赤字決算にしてしまうと銀行とか公共工事の受注とかに影響が出てしまうので赤字にもしない、ギリギリのラインを狙っている気がするのです。良くいえば見せ方がうまいのですが、悪くいうと決算書の信頼性に疑問符がつく感じがします」
　宮田会計士の説明を聞いた久保弁護士は状況を理解しつつ冷静に応

じた。

「了解。決算書だけで確定判断はできないな。俺もそういう可能性に留意してC社の状況をもう少し調べてみるよ」

「なるほど。それがC社の決算書が気持ち悪いってことか。決算書の見方もいろいろあるんだね。自分のA社を含めて、3社を同列に考えるのは難しいな」

山崎弁護士は3社の決算書を見ながら言った。

「だから会計士の出番なのです。といったら身も蓋もないですが、ちょうどA、B、Cとタイプの違う3社が出てきたので、普通の決算書の読み方をA社で説明した後、B社とC社を取り上げれば、読み方のコツはつかめますよ」

「お、いいね！ 自分は少しA社の担当者と話をしてみるから、その後、改めて説明してくれないか」

「そのときは、俺にも聞かせてよ！ 決算書も読める弁護士ってカッコいいじゃん？」

第1章

基本的な決算書の読み方

A社決算書

A社は、創業20年の製造業。従業員は8名。景気低迷による需要低下や海外シフトの影響を受け、受注量が減少してきている。しかし、当社を含め仕入先に対する支払い条件変更や銀行借入の返済遅延は行われていない模様。また、代表者や従業員は当業界でも有名な職人であり、出願中の特許も数件あり、今後も一定程度の受注は見込まれる。

＜A社損益計算書＞

		×1期	×2期	×3期
売上高		382,761	338,192	310,731
期首製品棚卸高		46,291	33,284	35,987
当期製品製造原価		298,700	258,199	230,991
	小計	344,991	291,483	266,978
期末製品棚卸高		33,284	35,987	31,820
売上原価		311,707	255,496	235,158
売上総利益		71,054	82,696	75,573
役員報酬		16,000	16,000	16,000
給与手当		40,291	42,719	40,982
法定福利費		4,835	5,126	4,918
福利厚生費		1,986	5,924	6,629
広告宣伝費		259	3,089	3,892
交際費		3,071	2,988	2,471
水道光熱費		6,274	6,534	9,672
支払家賃		3,600	3,600	3,600
交通費		2,085	2,049	2,180
減価償却費		3,978	3,719	3,581
貸倒引当金繰入高		251	251	251
消耗品費		592	798	903
その他		829	1,092	908
販売費及び一般管理費合計		84,051	93,889	95,987
営業利益		−12,997	−11,193	−20,414
受取利息		351	284	228
為替差益		980		263
有価証券売却益		802	35	294
営業外収益		2,133	319	785
支払利息		832	904	3,063
為替差損			33	
営業外費用		832	937	3,063
経常利益		−11,696	−11,811	−22,692
固定資産売却益		802	0	0
特別利益		802	0	0
固定資産除却損		601	281	990
特別損失		601	281	990
税引前当期純利益		−11,495	−12,092	−23,682
法人税等		320	320	320
当期純利益		−11,815	−12,412	−24,002

＜A社貸借対照表＞

	×1期	×2期	×3期		×1期	×2期	×3期
現金及び預金	34,291	32,965	29,694	仕入債務	70,030	67,413	67,751
売上債権	53,829	50,291	49,871	短期借入金	120,920	129,436	114,720
製品	33,284	35,987	31,820	1年以内返済予定長期借入金	12,000	12,000	24,000
仕掛品	28,710	26,891	26,002	前渡金	1,839	2,891	1,092
原材料・貯蔵品	20,981	20,062	18,902	未払法人税等	350	408	402
前払費用	921	698	770	未払金	5,214	4,801	4,220
仮払金	801	720	405	未払費用	2,950	3,091	3,902
その他	9,201	8,801	8,102	流動負債合計	213,303	220,040	216,087
貸倒引当金	－251	－251	－251	長期借入金	250,000	238,000	370,000
流動資産合計	181,767	176,164	165,315	社債	0	0	20,000
建物及び付属設備	152,810	150,201	153,910	長期預り金	7,021	7,021	6,038
機械装置及び運搬具	60,218	56,922	170,921	固定負債合計	257,021	245,021	396,038
器具備品	6,382	4,012	5,008	負債合計	470,324	465,061	612,125
土地	30,210	30,210	30,210				
建設仮勘定	0	0	20,916				
有形固定資産合計	249,620	241,345	380,965				
のれん	102	83	63				
その他	2,955	2,955	1,921				
無形固定資産合計	3,057	3,038	1,984				
投資有価証券	2,801	2,589	1,982	資本金	15,000	15,000	15,000
保険積立金	27,651	24,021	20,991	資本準備金	15,000	15,000	15,000
定期預金	1,500	1,500	500	利益剰余金	－31,177	－43,589	－67,591
その他	2,853	2,904	2,942	有価証券評価差額金	102	89	145
投資その他の資産合計	34,805	31,014	26,415	純資産合計	－1,075	－13,500	－37,446
資産合計	469,249	451,561	574,679	負債・純資産合計	469,249	451,561	574,679

B社決算書

B社は創業45年の製造業。従業員は24名。最近の景気低迷で売上は10年前から半減しているが、近年は安定している。代表者は創業者であり、現在80歳。やり手ではあるが、いわゆるワンマン経営者の傾向あり。近い将来、長男（52歳）を後継者として事業承継する見込み。長男は代表者の下で修業してきたが、社内での評判も良く、人望も厚い。現代表者ほどの営業力は見込めないものの、堅実な経営が期待できる人物である。

＜B社損益計算書＞

		×1期	×2期	×3期
売上高		2,810,281	3,017,271	2,981,037
期首製品棚卸高		492,014	500,281	487,004
当期製品製造原価		2,498,615	2,600,083	2,601,920
	小計	2,990,629	3,100,364	3,088,924
期末製品棚卸高		500,281	487,004	492,017
売上原価		2,490,348	2,613,360	2,596,907
売上総利益		319,933	403,911	384,130
役員報酬		150,000	150,000	150,000
給与手当		100,284	98,291	100,921
法定福利費		12,034	11,795	12,111
福利厚生費		3,052	1,057	9,022
広告宣伝費		838	782	699
交際費		35,022	50,921	51,098
水道光熱費		12,038	13,821	14,820
支払地代		30,000	30,000	30,000
交通費		3,052	3,528	3,881
減価償却費		10,937	12,092	13,927
貸倒引当金繰入高		329	561	402
消耗品費		8,391	9,031	8,927
その他		3,041	7,921	4,295
販売費及び一般管理費合計		369,018	389,800	400,103
営業利益		−49,085	14,111	−15,973
受取利息		259	301	291
受取配当金		3,921	4,091	3,996
有価証券売却益		28,038	0	10,927
営業外収益		32,218	4,392	15,214
支払利息		2,041	4,910	5,012
有価証券売却損		0	30,826	0
営業外費用		2,041	35,736	5,012
経常利益		−18,908	−17,233	−5,771
固定資産売却益		8,021	0	2,910
特別利益		8,021	0	2,910
固定資産売却損		791	652	0
貸倒損失				10,924
特別損失		791	652	10,924
税引前当期純利益		−11,678	−17,885	−13,785
法人税等		690	690	690
当期純利益		−12,368	−18,575	−14,475

＜B社貸借対照表＞

	×1期	×2期	×3期		×1期	×2期	×3期
現金及び預金	230,914	249,012	240,931	仕入債務	496,872	479,720	499,697
売上債権	539,103	530,912	529,018	短期借入金	781,672	759,210	762,719
製品	500,281	487,004	492,017	代表者借入金	153,810	170,481	200,212
仕掛品	259,281	269,291	298,391	前渡金	629	981	271
原材料・貯蔵品	190,312	209,371	221,988	未払法人税等	719	705	780
前払費用	4,028	3,029	2,286	未払金	28,371	20,722	30,281
仮払金	792	3,801	901	未払費用	32,810	25,730	29,471
その他	3,017	2,651	2,094	流動負債合計	1,494,883	1,457,549	1,523,431
貸倒引当金	-329	-561	-402	長期借入金	922,730	902,910	889,192
流動資産合計	1,727,399	1,754,510	1,787,224	長期未払金	286	5,201	8,026
建物及び付属設備	102,913	85,825	80,173	長期預り金	901	1,002	1,208
機械装置及び運搬具	197,382	163,719	140,312	固定負債合計	923,917	909,113	898,426
器具備品	80,932	82,619	80,438	負債合計	2,418,800	2,366,662	2,421,857
土地	308,000	308,000	308,000				
建設仮勘定							
有形固定資産合計	689,227	640,163	608,923				
のれん							
その他	261	452	381				
無形固定資産合計	261	452	381	資本金	100,000	100,000	100,000
投資有価証券	109,826	102,293	98,543	資本準備金	50,000	50,000	50,000
保険積立金	8,927	10,963	12,028	利益剰余金	52,831	34,256	19,782
定期預金	30,000	35,000	32,000				
その他	2,710	3,610	2,719	有価証券評価差額金	-53,281	-3,927	-49,821
投資その他の資産合計	151,463	151,866	145,290	純資産合計	149,550	180,329	119,961
資産合計	2,568,350	2,546,991	2,541,818	負債・純資産合計	2,568,350	2,546,991	2,541,818

C社決算書

C社は創業36年のメーカー。従業員は70人。5年前代表者が交代したのと同時に、取締役や部長も大幅に変更になっている。経営陣交代後、受注は順調に伸びている模様。一方、従業員の退職が相次いでいる。新経営陣の経営方針が営業重視であり、ついていけない社員が脱落している模様。また、海外展開やM&Aにも積極的である。

＜C社損益計算書＞

		×1期	×2期	×3期
売上高		6,027,193	6,629,173	9,082,618
期首製品棚卸高		602,719	598,261	610,821
当期製品製造原価		4,801,620	5,229,182	7,922,619
	小計	5,404,339	5,827,443	8,533,440
期末製品棚卸高		598,261	610,821	942,918
売上原価		4,806,078	5,216,622	7,590,522
売上総利益		1,221,115	1,412,551	1,492,096
役員報酬		208,600	303,000	385,000
給与手当		386,291	390,278	480,281
法定福利費		46,355	46,833	57,634
福利厚生費		48,201	70,271	80,751
広告宣伝費		3,618	1,083	1,209
交際費		104,921	157,299	160,281
水道光熱費		8,204	6,291	4,897
支払家賃		5,028	3,710	3,591
交通費		50,281	59,921	68,722
減価償却費		268,103	258,104	80,271
貸倒引当金繰入高		39,102	38,102	992
のれん償却		28,102	29,871	102,810
消耗品費		785	682	907
その他		2,862	7,132	4,826
販売費及び一般管理費合計		1,200,453	1,372,577	1,432,172
営業利益		20,662	39,974	59,924
受取利息		792	389	271
為替差益		2,610	183	9,017
有価証券売却益		8,720	0	0
営業外収益		12,122	572	9,288
支払利息		12,550	11,391	20,491
有価証券売却損		0	11,092	30,918
営業外費用		12,550	22,483	51,409
経常利益		20,234	18,063	17,803
貸倒引当金戻入益		0	0	37,110
固定資産売却益		0	0	20,182
特別利益		0	0	57,292
製品廃棄損		3,014	2,012	812
業務改善費用		0	0	60,291
特別損失		3,014	2,012	61,103
税引前当期純利益		17,220	16,051	13,992
法人税等		5,023	4,392	4,420
法人税等調整額		0	0	-70,182
当期純利益		12,197	11,659	79,754

＜C社貸借対照表＞

	×1期	×2期	×3期		×1期	×2期	×3期
現金及び預金	1,039,220	1,040,281	682,011	買掛金	869,189	1,088,364	1,401,020
売上債権	802,719	1,382,915	2,123,349	短期借入金	1,802,991	2,062,179	2,502,812
製品	598,261	610,821	942,918	1年以内返済予定長期借入金	240,000	240,000	380,200
仕掛品	391,931	310,281	502,811	前渡金	3,753	7,921	5,281
原材料・貯蔵品	266,802	280,710	302,971	未払法人税等	6,028	5,098	55,520
前払費用	2,041	4,053	7,011	未払金	1,624	1,429	2,791
仮払金	8,018	2,719	2,741	未払費用	47,281	26,192	20,173
その他	109,721	99,301	190,292	流動負債合計	2,970,866	3,431,183	4,367,797
貸倒引当金	−39,102	−38,102	−992	長期借入金	3,200,000	2,960,000	4,025,000
流動資産合計	3,179,611	3,692,979	4,753,112	社債	200,000	180,000	460,000
建物及び付属設備	528,102	520,917	702,810	長期預り金	30,000	10,000	1,000
機械装置及び運搬具	1,518,355	1,298,901	1,584,922	固定負債合計	3,430,000	3,150,000	4,486,000
器具備品	680,211	672,891	705,886	負債合計	6,400,866	6,581,183	8,853,797
土地	602,910	602,910	1,029,421				
建設仮勘定							
有形固定資産合計	3,329,578	3,095,619	4,023,039				
のれん	80,271	50,400	802,910				
その他	3,021	3,021	20,429				
無形固定資産合計	83,292	53,421	823,339	資本金	150,000	150,000	150,000
投資有価証券	371,921	280,517	240,182	資本準備金	150,000	150,000	699,220
子会社株式	0	0	103,200	利益剰余金	207,634	219,293	299,047
繰延税金資産	0	0	70,182				
その他	48,299	58,201	39,281	有価証券評価差額金	104,201	80,261	50,271
投資その他の資産合計	420,220	338,718	452,845	純資産合計	611,835	599,554	1,198,538
資産合計	7,012,701	7,180,737	10,052,335	負債・純資産合計	7,012,701	7,180,737	10,052,335

1.
決算書を入手するには?

　山崎弁護士はＡ社の決算書を、久保弁護士はＢ社とＣ社の決算書を持って宮田会計士のブースへ行く。山崎弁護士、久保弁護士とも、会社の状況をヒアリングしてきたようだ。

「宮田さん、忙しいところ申しわけないね」
　山崎弁護士は恐縮しながら宮田会計士にＡ社の決算書を置いた。
「はい、こっちがＢ社とＣ社の決算書。それじゃあ早速、決算書の読み方を教えてよ」
　久保弁護士は相変わらずせっかちだ。この３人では一番年下であるにもかかわらず、一番偉そうな態度で話す。山崎弁護士と宮田会計士は苦笑いである。
「それでは講義を開始します。山崎さん久保さん、準備はいいですか？」
「前置きはイイから、早く始めようぜ。まずは山崎先輩のＡ社からなんだろ」
　久保弁護士はすでにＡ社の決算書を開いている。
「それでは早速始めますね。まず決算書を読む前提として、決算書はできるだけ複数期分用意してください。決算書は数期分の比較から理解できることが多いんです。複数期ですから、最低でも２期、できれば５期くらいあるといいですね。この前、山崎さんは過去１期分の決算書だけ持ってきたけど、１期分だと決算書の読込みが不十分になる可能性があります」

「確かに1期分の決算書よりは複数期あった方がいいね。だから今回は3期分持ってきたよ。久保君もB社C社それぞれ3期分持ってきたよね？」

「俺は最初から3期分用意していましたよ。準備もカンペキ！ ところで、客先なら決算書ももらえるけど、客先以外だったらどうやって決算書を入手するんだ？ 例えば、大口取引先の与信管理しようと思っても、取引先の決算書なんて簡単に入手できないことの方が多くないか？」

「確かに、私も取引先の決算書を入手できなくて困ったことがあるよ。会計士のセンセイはどうしているの？」と山崎弁護士。

宮田会計士は机のPCに向かい、GoogleのHPを開きながら言った。

「上場企業であれば、EDINETに有価証券報告書等が開示されています。インターネットで「EDINET」と入れればすぐに検索できます。また、上場企業はホームページでも開示していますから、会社ホームページを見てもいいと思います」

「上場企業のことはわかっているよ。俺が聞きたいのは、中小企業のこと。先輩もそうでしょ？」

久保弁護士は言葉を遮るように言った。

「それは失礼しました。中小企業だと、決算書の入手が厳しいケースが多いと思います。会社法では決算公告が義務づけられているので、本来であれば日刊紙やホームページにB/S、P/Lの要約を載せる必要がありますが、実際には守っていない会社も多いと思います。このあたりは会社法の領域なので、弁護士の先生の方が詳しいと思いますが」

「宮田さんはイヤミだな〜。でも結局、開示していなければ入手は難しいということ？」

17

山崎弁護士は困ったように宮田会計士を見る。
「そうですね。ホームページで開示していなければ、株主でもないかぎり決算書を見ることはできません。どうしても見たければ、帝国データバンク等から情報を購入するしかないでしょうね」
「結局は情報会社から買うしかないんだ…。宮田さんは帝国データバンクの会員になっているの？」
「残念ながら会員にはなっていないです。普通の会計士や税理士であれば、いろいろな会社の情報に常にアクセスする必要性は低いですからね」
「何だよ～！　登録してないのかよ。期待外れだ～」
　久保弁護士は宮田会計士を非難する目で見た。
「Ｍ＆Ａを頻繁に行う会計士だったら必要かもしれませんけど、会計監査や税務を普通に行っている会計士はそこまで必要ではないですからね。ただ、私も情報を買いたいと思うことは年に数回ありますけど。そういうときは、友人の会計士に頼んでいます」
「会計士の先生なら、何か特別な方法があるのかと思ってたよ」
　山崎弁護士はニヤニヤしながら宮田会計士を見た。
「山崎さん、イヤミですね？　特別な方法なんて、ありませんよ。むしろ弁護士先生の方が何か特別な方法がありそうですが」
「弁護士だって普通の人だよ。ということは、決算書を見たければどこからか入手しろ！　としか言えないってことだね」
「そういうことです」

2. 比較から始めよう

　宮田会計士は、一呼吸置いてから話を続けた。
　「で、私は決算書を入手したらまずは比較から開始します。貸借対照表、損益計算書を中心に、前期以前の決算書と見比べます」
　「見比べるって、漫然と見ているわけではなくて、ポイントを絞って見ているんじゃないの？　それを教えてほしいな」
　山崎弁護士はＡ社の決算書を見ながら、宮田会計士に言った。
　「ポイントは今から話しますよ。私の場合、まずは損益計算書で売上高の推移と、各利益の推移をざっと把握します。これで、会社が業績を伸ばしているのか、横ばいか、落込み気味かの『印象』をつかみます。これだけなら数値を見ているだけなので、2、3分もあれば十分だと思います」

Ａ社損益計算書（抜粋）	×１期	×２期	×３期
売上高	382,761	338,192	310,731
売上総利益	71,054	82,696	75,573
営業利益	－12,997	－11,193	－20,414
経常利益	－11,696	－11,811	－22,692
税引前当期純利益	－11,495	－12,092	－23,682
当期純利益	－11,815	－12,412	－24,002

　「P/Lを見るのは、俺もやっているよ。ところで、何チャラ利益ってたくさんあるけど、どこを見ればいい？」

久保弁護士が口を挟む。
「それに答える前に、何チャラ利益の内容をざっと説明しますね」
宮田会計士はホワイトボードに書き始めた。

  売上総利益：いわゆる「粗利」。会社の利益の源泉
  営業利益：会社の「本業」から生じる利益
  経常利益：会社の「経常的な活動」から生じる利益
  税引前当期純利益：法人税等を払う前の利益
  当期純利益：P/Lにおける最終利益

 宮田会計士はホワイトボードを指差しながら、話を続ける。
「何チャラ利益は5つしかないので全部見てほしいですが、私はこのうち、当期純利益と営業利益を特に重視しています。当期純利益は最終利益ですから、ここで利益が出ているかどうかを見ます。営業利益は会社の本業から得られた利益ですから、本業でどれくらい儲けることができたのか確認しています。A社は残念ながら営業利益も当期純利益も赤字ですね。特に、会社の本業から得られる利益である営業利益が連続してマイナスというのは、本業では儲けられなくなっているということを示していると思います。売上も減少しているので、厳しい状況が続いていることは明らかです」
 山崎弁護士は黙ったまま顔をしかめている。宮田会計士は見て見ぬふりをしながら続ける。
「要はP/Lの売上と何チャラ利益から業績を確認してほしい、ということです。これが一番最初です」
 宮田会計士は両弁護士の顔を見た。特に質問がなさそうなので、次の説明を始める。
「で、次に私が見ているのが貸借対照表の純資産です。純資産が潤

沢にあれば財務面での余裕があることがわかりますが、純資産が過少若しくはマイナスである場合には、今後の業績推移によっては会社が倒産する可能性を念頭にいれます」

「なるほどなるほど。会計士は貸借対照表の純資産を2番目に見ているんだ」

山崎弁護士はA社の貸借対照表を見た。A社は純資産がマイナスとなっている。山崎弁護士の顔がさらに厳しくなった。

```
A社貸借対照表（抜粋）
資本金              15,000      15,000      15,000
資本準備金           15,000      15,000      15,000
利益剰余金          −31,177     −43,589     −67,591
有価証券評価差額金      102          89         145
    純資産合計      （−1,075     −13,500     −37,446）
    負債・純資産合計   469,249    451,561     574,679
```

「私は、ですよ。別の会計士は他の箇所から見ているかもしれません。ただ、業績と財務面をざっくりと把握するためには、この2つが重要だと思っています。

この2点だけに絞ってA社を見ると、A社は売上がジリ貧で利益は営業利益以下のすべての利益がマイナス。純資産はマイナスなので債務超過です。これだけでもA社は危ないかも、という前提で見ることになります」

「確かにこの2点だけだったら、それほど時間かからずにざっくりとした把握は可能だな。山崎先輩、A社はヤバそうっすね」

久保弁護士は、山崎弁護士を見ながら大声で言った。

「わかってはいたけど、改めて決算書を見ながら会計士の先生に言われると堪えるな」

「そんなに深刻に考えないでくださいよ。まだ説明は序盤ですから。でも、Ａ社が厳しい状況なのは間違いないでしょうね」

3.
増減比較と、様々な指標

「それでは、次にいきますよ。次に見ているのは、各科目の増減比較です。同じ科目を過去と比較し、どの科目で著増減があるかを把握しています」

「逆に言えば、著増減がなければ異常なしと判断しているの？」

山崎弁護士はするどい質問をしてくる。

「山崎センセイ、厳しいですね」

宮田会計士は一瞬戸惑ったように答える。

「監査法人時代の監査でもそうだったのですが、まずは各科目の増減比較を行い、著増減の有無とその理由を確認することが一番最初の手続きでした。もちろん、山崎さんの言うとおり著増減がないことイコール異常なしと断言できるわけではないですが、会社が同じように営業活動しているのであれば、著増減がある科目には合理的な理由があるはずだ、という視点で見ています。例えば、売上債権が増加している理由が売上の増加であれば、売上債権の増加理由としては問題ありませんが、売上高が横ばい若しくは減少しているにもかかわらず売上債権が増加していれば、なぜ売上債権が増加したのかを調べる必要があります」

「要は、まずは単純に著増減を見て、それから関連項目との関係を見ていく、ということだな」

久保弁護士が口を挟むと、山崎弁護士はさらに質問してきた。

「でも、今の例であれば売上債権は売上高に比例して増減するのはわかるけど、売上高はどうなの？ 売上高の増減は何と比較するの？」

「宮田さんは、まずはざっくり科目の比較をしろって言ってるだけじゃないの？　山崎先輩は細かいから…」

久保弁護士は、少しイライラしてきたようだ。

「私は全然細かくないよ。疑問だったから聞いただけだよ。疑問はその場でできるだけ解決するのも弁護士の資質だと思うよ。久保君も疑問があれば聞けばいいんじゃない？」

「まあまあ、お二人さん…」

宮田会計士は困った様子で二人の顔を見比べた。

「ざっくりでいいときと、細かく見なければいけないときの両方があるので、どちらが良いというわけではありません。ケースバイケースですよ。今はＡ社の事例を話しているから、山崎さんはいろいろと気になっているんですよね？　疑問に思うことは聞いてくれて構いませんよ。もちろん、久保さんも細かいことでもいいので聞いてください」

宮田会計士は二人の顔を見ながら、ゆっくり話し始めた。

「山崎さんのご質問ですが、売上高は会社の根幹です。ですから、売上の増減理由は会社の置かれている状況や経済情勢等を総合的に勘案して判断するしかありません。それこそ、会社のことをよく知らなければ説明を聞いても理解できない項目なので、ある意味一番判断が難しいともいえます。Ａ社は売上がジリ貧に見えますが、何か思い当たることはありますか？」

Ａ社損益計算書			
	×1期	×2期	×3期
売上高	382,761	338,192	310,731

「A社は大手の下請企業だから、大手企業の業績に左右されるんだ。超円高だったときは景気の悪化から大手企業からの受注が減って売上が落ちてきていた。今は円安に振れているけど、今度は逆に仕入価格の上昇とか電気代の上昇で思ったとおりの生産ができなくて、さらに売上が落ちているんだよ。現状のままだと八方塞がりであることは認識しているのだけど…」

「なるほど」

宮田会計士は頷きながら続ける。

「というような分析が、売上高の増減分析ですよ。いずれにしても、A社は現状ではかなり厳しそうですね。中小企業が元気にならないと日本は元気にならないと思いますが」

「ホントだよな。弁護士はAmbulance Chaserと言われることもあるけど、クライアントのネガティブな話で儲けるより、クライアントも儲けて俺らも儲けるWin-Winの関係が理想だよな」

久保弁護士は一人で納得しているようだ。

宮田会計士も頷きながら、続けて話す。

「そうですね。Win-Winの関係になれるように弁護士の先生も是非会計知識を利用してください。それでも困ったら私に相談していただいて、Win-Win-Winの関係になりましょう」

宮田会計士は笑って答えた。両弁護士も笑っている。

「で、先ほどの話の続きで各科目間の関係についてですが、これはこの紙を見てください」

宮田会計士は、1枚の紙を2人に渡した。

「ここでは何チャラ比率という比率を示しますが、これを知った上で見ると理解が早くなると思います。これらの指標が決算書を見るポイントになります。他にもたくさん指標はあるけど、とりあえずこれだけでも」

区分	名称	計算式	意味	目安（一般的に）
安全性分析	手許流動性分析（ヶ月）	（当座資産＋すぐに借りられるお金）／（売上高÷12ヶ月）	すぐに使えるお金が、1ヶ月当たりの売上に対してどのくらいあるのか？	1ヶ月（大企業）～1.7ヶ月（中小企業）
安全性分析	当座比率	当座資産／流動負債	流動負債に対する返済能力。当社比率の方が、流動比率よりもすぐに現金化できる資産の割合を高めている。	90％程度
安全性分析	流動比率（％）	流動資産／流動負債		120％以上
安全性分析	自己資本比率（％）	純資産／総資産	総資産に対する株主資本の比率	バランスよく
収益性分析	売上高営業利益率	営業利益／売上高	売上高に対して、どれだけ利益を上げられたか？	高い方が良い
収益性分析	売上高経常利益率	経常利益／売上高		高い方が良い
収益性分析	売上高利益率	当期利益／売上高		高い方が良い
収益性分析	株主資本利益率（ROE）	（当期）利益／株主資本	自己資本（＝株主資本）から、どれだけ利益を上げられたか？	高い方が良い
収益性分析	総資産利益率（ROA）	（当期）利益／総資産	会社の総資産からどれだけ利益を上げられたか？	高い方が良い
収益性分析	総資本回転率（回）	売上高／総資産	投下した総資産をどれだけ回収できたか？	高い方が良い

※当座資産＝現金預金＋売上債権＋（短期保有）有価証券－貸倒引当金

　久保弁護士は、呆れた顔で宮田会計士を見た。
「あのさ～。弁護士のこと、全然わかってないな～…。弁護士がこんな表を見て、実際に計算すると思う？　これを理解する時間があれば、俺も会計士になっているよ」
「まあまあ、別にこれを全部理解しろ！　なんて言うつもりありませんよ。ただ、これらの手法が決算書を見るポイントに繋がっているので、概念だけ知っておいてほしい、という意味です」
「宮田さんは決算書のどことどこを比較するのかを示すために、いろいろな比率を出したんでしょ。久保くんはせっかちなんだよな」
「まどろっこしいな～。で、何をどう見ればいい？」

4.
黒字倒産は
なぜ起こる?

　宮田会計士は話を続ける。
「まず、一番最初に売上・利益・純資産をざっくりと見るって言いましたよね。この段階で当該会社が危ないと思ったら、増減比較より先に手元流動性分析と流動比率を見ることが重要です。この２つは、資金繰りの状況をざっくりと表しています。ところで、会社が潰れるときはどういうときが知っていますか？」
「それくらい知っているよ。要はカネがなくなって資金繰りがいき詰まったときだろ」
「さすが久保さん、正解！　意外と赤字が続いたときと答える方が多いので聞いてみました」
「ところで、前から気になってたんだけど、資金繰りにいき詰まったときに会社が潰れるのはわかるんだけど、決算書で黒字でも潰れるケースがあるよね。黒字なのに資金繰りが詰まるのはどうして？」
　山崎弁護士はＡ社の決算書を見ながら質問する。Ａ社の資金繰りが気になるようだ。
「さすが山崎さん、目の付けどころが違いますね。それは、いわゆる『黒字倒産』と呼ばれています。なぜ黒字倒産が発生するのかといえば、損益計算書上の黒字や赤字はある程度は調整できるけど、お金がどれくらいあるかはごまかしようがない、ということです。極論を言えば、粉飾決算で黒字にすることだって考えられるわけですから」
「潰れた会社が、実は粉飾決算していました、っていうケースはたまに見かけるね。宮田さんは決算書から粉飾決算を見分けることがで

きるの？」
　山崎弁護士は、たたみかけるように質問してくる。
「粉飾決算を100％見分けることができるか、といわれたらそれは不可能ですよ。ただ、決算書を見る中で疑問に思うことを追及していくと、実は粉飾決算だったということは何回かありました。でも、これは今日のテーマではないので別の機会にお願いします。
　ちなみに、先ほど久保さんがもってきた決算書のうち、C社はいろいろ疑問に思うことがありますよ」
　宮田会計士は、C社の決算書を手にとって見始めた。
「前にもそんなこと言っていたな。C社の決算書が気持ち悪いって。今日は何が気持ち悪かったのか教えてもらうために来たんだよ。先にC社の説明にしてよ」
「久保君、気持ちはわかるけど、先に決算書の読み方を教えてもらった方が結果的に早いからA社を見ているんだよ。A社が終わってからにしようよ」
　山崎弁護士に助け船を出されて、宮田会計士は一安心だ。
「山崎センセイ、ありがとうございます。久保さん、なぜ私がC社を粉飾決算疑いと考えたかについても、決算書の読み方がわかっていた方が結果として理解が早まりますよ。というわけで、資金繰りに戻りますね」
「しゃーねーな…。じゃあ、急ぎ気味で！」

5.
倒産する兆候を
一目で見分ける方法はあるか?

「急ぎ気味で話します。さらに早口になりますよ」
　宮田会計士は普段から早口である。二人は失笑していた。
「というわけで、売上、利益、純資産をチェックして会社が危なそうだと思ったら、次は決算書から資金繰りについて見ることが必要です。それが、手元流動性分析と流動比率の2つです。
　手元流動性分析は、月商と現金預金の比較です。少なくとも1ヶ月の売上に相当する現金預金を保有していないと、会社の資金繰りが危ない、という意味になります」
「そりゃそうだな。1ヶ月分の売上を切るような現金預金しかないということは、売上金額よりも支払金額の方が多い状態が続いているということになるからな」
「そういうことです。だから、まずは売上と現金預金の残高を抑えて計算します。電卓をいれなくても、ざっとはわかりますよね。私は暗算苦手なのですぐには計算できませんが」
「おいおい宮田センセイ、暗算苦手なんて言っていいの?」
　久保弁護士は、茶化すように笑いながら宮田会計士を見た。
「イインデス、電卓使えばいいんですから。弁護士センセイだって、条文をすぐに言えないケースがあるのと一緒ですよ」
「宮田センセイ、条文と暗算を一緒にしないでくれよ〜」
　山崎弁護士も、ツッコミをいれてきた。
「会計士だからって、必ずしも暗算が得意なわけではないですよ。私は計算は電卓とエクセルにお任せです」

3人の会話は、いつも話が脱線しながら進んでいく。

「で、それはそれとして、次は流動比率です。これは、1年以内に現金化できる資産と1年以内に返済しなければならない負債の比率です。これは、流動資産の方が多い必要があり、安全とされる目安は120％と言われています」

「流動資産より流動負債の方が多いということは、1年以内に現金化できる金額より返済しなければならない金額の方が大きいということだから、資金繰りが危ういということになるね。これはよくわかるよ」

「山崎さん、ありがとうございます。というわけで、この2つの指標でざっと資金繰りを把握して、資金繰りも危なそうだなと思ったらより詳細な資料を要求することが必要です。資金繰り表を作成していればベストですが、中小企業だと資金繰り表まで作成していないことが大半でしょうね。そもそも資金繰り表を作成していれば資金繰りが悪化する前に手を打つことができますから。

　ちなみに、A社の手元流動性と流動比率を計算すると、こんな感じです。特に流動比率が下がっているのが気になるところです」

A社損益計算書

	×1期	×2期	×3期
売上高	382,761	338,192	310,731

→ 手元流動性分析

A社貸借対照表

	×1期	×2期	×3期		×1期	×2期	×3期
現金及び預金	34,291	32,965	29,694	仕入債務	70,030	67,413	67,751
売上債権	53,829	50,291	49,871	短期借入金	120,920	129,436	114,720
製品	33,284	35,987	31,820	1年以内返済予定長期借入金	12,000	12,000	24,000
仕掛品	28,710	26,891	26,002	前渡金	1,839	2,891	1,092
原材料・貯蔵品	20,981	20,062	18,902	未払法人税等	350	408	402
前払費用	921	698	770	未払金	5,214	4,801	4,220
仮払金	801	720	405	未払費用	2,950	3,091	3,902
その他	9,201	8,801	8,102	流動負債合計	213,303	220,040	216,087
貸倒引当金	−251	−251	−251				
流動資産合計	181,767	176,164	165,315				

→ 流動比率

手許流動性──（当座資産＋すぐに借りられるお金）÷（売上高÷12）
当座資産：ここでは現金預金のみとする。
すぐに借りられるお金：不明なのでゼロとする。

	×1期	×2期	×3期
当座資産	34,291	32,965	29,694
売上高	382,761	338,192	310,731
売上高÷12	31,897	28,183	25,894
手許流動性	107.5%	117.0%	114.7%

流動比率──流動資産÷流動負債

	×1期	×2期	×3期
流動資産	181,767	176,164	165,315
流動負債	213,303	220,040	216,087
流動比率	85.2%	80.1%	76.5%

第1章 基本的な決算書の読み方　5. 倒産する兆候を一目で見分ける方法はあるか？

「う～ん。特に流動比率を見ると、やっぱりA社は厳しい状況が続いているんだね。数字で突きつけられると厳しいな」

山崎弁護士は困った顔で宮田会計士を見た。

「今の分析段階では、そういうことですね。売上、利益、純資産、資金繰りのすべてで厳しい結果になっていますから」

「宮田さん、『今の』って言ったよな。何か含みがあるな～。本当は違うって言いたいんじゃないの？」

久保弁護士がツッコミを入れてきた。

「それは後のお楽しみで。あとで話しますよ」

「またかよ。俺は結論を早く知りたいんだよ」

「だから、今は決算書の読み方を教えてもらう時間だよ。宮田さんも教えないと言っているわけじゃないんだから、そんなに焦らなくてもいいじゃないの。それに、A社は私のクライアントなんだから」

山崎弁護士は、先を急ぐ久保弁護士にあきれ顔だ。

「はいはい、おとなしく聞きますよ」

6.
債務超過って?

「それで、危なそうな会社でざっくり資金繰りを把握したら、次はどの比率を見る？」

久保弁護士は宮田会計士から渡された紙を見ながら質問する。

「順番は人によって違うと思いますが、私なら債務超過かどうかを確認します。債務超過は、貸借対照表の「純資産の部」を見ればわかります。純資産の部がマイナスの場合には債務超過である、といえます」

「債務超過なんて、この紙に書いてないぞ！　それに、債務超過の判定だったら最初の純資産の確認と同じじゃないの？　単に言葉を債務超過って言い換えただけな気がするけど」

久保弁護士の質問に、宮田会計士は困り顔だ。

「久保さん、鋭いですね。ご指摘のとおり、債務超過は比率ではないのでこの紙には入れていません。ただ、私が見ている順番としてはこの順番になってしまうので、ご勘弁を。紙はこの後でまた使います」

「だったら、この紙に宮田さんが見ていく順番を書いてくれればいいじゃん」

久保弁護士は不満そうだ。宮田会計士は一瞬詰まりながら続ける。

「見ていく順番を紙に書くと、後から見たときにまとまりがなくなって、逆にわかりにくくなってしまうんです。ただ、ご指摘はもっともなので、後で私が見ている順番を示しますよ」（次頁表）

「サンキュ！　それじゃ、債務超過の話を進めようぜ」

宮田会計士はホッとした表情で、債務超過の話をする。

「で、話を戻しますと、純資産のチェックと債務超過の確認は一義的には同じです。ただ、ここで話したいことは、B/S上は純資産が

```
宮田会計士が見ていく順番
  1．損益計算書　比較①（売上高、各利益）
  2．手元流動性分析及び流動比率
  3．債務超過（純資産）
  4．損益計算書　比較②（販売費及び一般管理費、特別損益）
  5．売上債権 / 棚卸資産　回転期間分析
  6．キャッシュ・フロー計算書
  7．その他
```

プラスだけど、本当はマイナス、すなわち債務超過である場合があるのでは、ということです。本当に債務超過かどうかの判定は、もう少し貸借対照表を詳しく見ていく必要がある、ということです」

「そんなこと、決算書のチェックだけですぐできるの？　結構時間がかかるイメージだけど」

「もちろん、厳密に債務超過のチェックができるわけではないです。決算書の読み方という段階では、債務超過の兆候をつかむかどうか、というところまでですね」

「決算書の読み方という段階、ということは、それ以上の段階もあるということだよね」

山崎弁護士はさらに質問してくる。

「そうですね。決算書の読み方を超えたところだと、弁護士の先生たちが会社清算時に検討している『清算貸借対照表』を作るイメージです」

「でた！『清算貸借対照表』！　あれは作るのが結構大変なんだよな。税理士の先生にお願いすることもよくあるけど」

久保弁護士は、清算貸借対照表作成に関わったことがあるようだ。

「会社清算に携わっている弁護士さんであれば、会計士よりも清算貸借対照表はよく見ていると思いますよ。会計士は基本的に生きている会社を見ているのであって、実務で会社清算を見ることは少ないですから」

「それじゃあ、宮田さんもそんなに詳しくはないってこと？」

山崎弁護士はさらに質問してくる。

「何をもって詳しいかはわかりませんが」宮田会計士は苦笑しながら答える。

「私は税理士業務もやっているので、携わることはありますよ。話がそれましたが、債務超過かどうかの判定は、実質的には清算貸借対照表を作るようなイメージで貸借対照表を見ていくことになります。要は、特に資産を時価で評価したときに純資産がプラスかマイナスかが一番大きなポイントです」

「あれ？　清算貸借対照表は時価ではなくて処分価格ではなかったっけ？」

山崎弁護士も清算貸借対照表は詳しいようだ。

「するどい！　聞かれなければスルーするつもりでした」

宮田会計士は、質問責めに戸惑い始めている。

「スルーしてもいい事項なら、どうでもよくない？」

久保弁護士はやはり細かいことは気にならないようだ。山崎弁護士は久保弁護士に向かって真面目な顔で答えた。

「私が聞いたんだから、どうでもいいってことないよ」

「じゃあ、簡単に説明しますね」

宮田会計士は、若干引き笑いしながら説明を始めた。

「処分価格は、当該資産を今売ったらいくらか、ということです。誤解を恐れずに言えば、売り急いだときの価格ってことですね。清算時は売るために時間をかけるわけにいかないケースが多いので、処分

価格が時価よりも低いケースがあります。例えば、不動産鑑定評価理論では『特定価格』といって、処分価格を時価の7割程度にすることがあります。一方時価は、継続企業が前提です。今の議論は継続企業で債務超過かどうかの判定を行うのですから、時価は売急ぎの価格を適用する必要はありません。公正な評価額で評価すればいいのです。

　時価の議論はもっと奥深いので、これ以上は別の機会があれば…。ただ、会計理論の世界に入ってしまうので、弁護士さんの業務であればあまり使わないと思います」

「処分価格の話はわかったけど、今は決算書をざっくり見るときのポイントだろ？　清算貸借対照表を作るイメージだと、細かくなりすぎじゃないのか？」と久保弁護士。

「確かに、決算書をざっくり見るのには細かすぎるね」

　山崎弁護士も久保弁護士に同調している。宮田会計士には少し焦りが見える。

「あくまでもイメージですから、実際に清算貸借対照表をつくる必要はありませんよ。例えば、純資産が潤沢な会社であれば債務超過である可能性は著しく低いのですから、あえて債務超過かどうか検討する必要はないと思います。逆に、特に留意しなければならない会社は、純資産がカツカツの会社の場合です。純資産がカツカツな会社で、保有する有価証券や固定資産に多額の含み損ある可能性があるなら、そのような会社は特に留意する必要がある、ということです。

　例えば、A社はすでに債務超過ですから、これ以上は検討する必要はありません。でもB社は純資産が少ないですから、例えば、保有している土地に含み損がないか、在庫に不良品はないか等を念頭におく必要があると思います」

「どうして土地と在庫なの？　それ以外の項目、例えば、売上債権だって気になると思うけど」

B社貸借対照表

	×1期	×2期	×3期		×1期	×2期	×3期
現金及び預金	230,914	249,012	240,931	仕入債務	496,872	479,720	499,697
売上債権	539,103	530,912	529,018	短期借入金	781,672	759,210	762,719
製品	500,281	487,004	492,017	代表者借入金	153,810	170,481	200,212
仕掛品	259,281	269,291	298,391	前渡金	629	981	271
原材料・貯蔵品	190,312	209,371	221,988	未払法人税等	719	705	780
前払費用	4,028	3,029	2,286	未払金	28,371	20,722	30,281
仮払金	792	3,801	901	未払費用	32,810	25,730	29,471
その他	3,017	2,651	2,094	流動負債合計	1,494,883	1,457,549	1,523,431
貸倒引当金	-329	-561	-402	長期借入金	922,730	902,910	889,192
流動資産合計	1,727,399	1,754,510	1,787,224	長期未払金	286	5,201	8,026
建物及び付属設備	102,913	85,825	80,173	長期預り金	901	1,002	1,208
機械装置及び運搬具	197,382	163,719	140,312	固定負債合計	923,917	909,113	898,426
器具備品	80,932	82,619	80,438	負債合計	2,418,800	2,366,662	2,421,857
土地	308,000	308,000	308,000				
建設仮勘定							
有形固定資産合計	689,227	640,163	608,923				
のれん							
その他	261	452	381				
無形固定資産合計	261	452	381	資本金	100,000	100,000	100,000
投資有価証券	109,826	102,293	98,543	資本準備金	50,000	50,000	50,000
保険積立金	8,927	10,963	12,028	利益剰余金	52,831	34,256	19,782
定期預金	30,000	35,000	32,000				
その他	2,710	3,610	2,719	有価証券評価差額金	-53,281	-3,927	-49,821
投資その他の資産合計	151,463	151,866	145,290	純資産合計	149,550	180,329	119,961
資産合計	2,568,350	2,546,991	2,541,818	負債・純資産合計	2,568,350	2,546,991	2,541,818

過小資本の場合、含み損がある資産がないか、留意が必要。B社の場合、土地や在庫に留意

B社は純資産がプラスであるが、過少資本の可能性がある。

　「細かいところを見始めたらキリがないですが、土地に関しては金額が大きいこと、業歴から考えてここ数年で購入したとは考えにくいので、仮にバブル期に購入していたとすれば含み損を抱えている可能性がある、という推測です。
　在庫と売上債権については、後ほど説明します。回転期間分析からざっくり推定しています」
　「山崎先輩、細かい！　宮田さんも困り始めたよ〜」

7.
損益計算書から
何がわかる？

「私が細かいんじゃなくて、久保君がざっくりすぎるだけだよ」
　宮田会計士は、また苦笑いだ。
「債務超過についてはとりあえず以上にしておきますね。細かい話は別の機会があれば。
　これまでの分析で、ざっくりと会社が潰れそうかどうかの判断ができたと思います。決算書の分析で最も重要なことは、『会社が潰れそうかどうか』を把握できるかだと思いますので、まずは以上の点をざっと把握してほしいと思います。
　次に私が見るのは収益性分析です。収益性分析というとカッコいいですが、要はP/Lをじっくり見る、ということです」
「それなら俺もやっているよ。黒字か赤字かは大事なポイントだからな。それに、これも最初の方で話した、売上高と利益を見ていくのと同じだよな」
　久保弁護士は同じ説明を繰り返されるのが嫌なようだ。
「そうです。黒字か赤字かは大事なポイントですし、基本的には先ほどの説明と被ります。ただ、ここで話したかったのは黒字や赤字の『出し方』です。黒字や赤字の要因を探るための分析が収益性分析です。収益性分析は売上高を100%として比率を計算するだけです」
「これは簡単な計算だね。私でもできるよ」
　山崎弁護士が笑いながら言う。
「山崎さんならきっと暗算レベルですよ。ただ、収益性分析はベンチマークがあるわけではなく、過去との比較や同業他社との比較でど

こが増減しているかを分析することになります。金額が大きい科目や、比率が大幅に増減している項目は要注意です」
「確かにこれは簡単だね。暗算では無理だけど、損益計算書を見ればすぐにわかるよ。でも、比率の大小関係だけで良い悪いを判断するなら、あまり芸がない気がするな〜。宮田さんに聞かなくてもわかることだし」
「山崎センパイ、怖〜」
久保弁護士は首をすくめながら、笑っている。宮田会計士は困り顔だ。
「それを言われてしまうと身も蓋もないのですが…。確かに比率の大小関係だけで判断するなら、分析の意味はありません。ゴメンですむなら警察いらね〜、と同じレベルです」
「それはチョット意味が違うんじゃない？」
久保弁護士はあきれ顔だ。
「苦し紛れです。言いたかったのは、比率で大小関係がわかったら、そこから何を読み取るのか、ということです。例えば、利益が同じであっても、どこで経費を使ったのかで会社の方針が変わっていることもあります。また、同じ会社の過去の決算書との比較だけでなく、他社と比較することで当該会社の特徴がわかることがあります」
「まだ抽象的だね…。具体例の方がわかりやすいな」
「具体例ですか…。一般的な話だと、どのメーカーが研究開発費にどれだけお金を投じているかによって、研究開発費に対する成果を見ることができると思います。もちろん、お金をかければ良い製品ができるというわけではありませんが、新製品を出し続けなければならない業界であれば、研究開発費をどれだけかけられるかは重要な指標です。
他にも例えば、カツラの会社であれば、広告宣伝費を多額にかけま

すよね。カツラが口コミで評判になるということは考えにくいですから。私も広くなってきたオデコが気になるお年頃なので」
　宮田会計士は広くなったおでこに手をあて、おどけた。
「確かに、ズラの口コミなんて聞いたことないから、商品を宣伝するには広告宣伝費を多額にかけるのが効率的だろうな。宮田さんもチョットヤバそうだし」
　久保弁護士の視線がオデコに移るのを、宮田会計士は見逃さなかった。
「うるさいっ！　自覚しているからイイんです」
　宮田会計士は笑いながら久保弁護士の肩を軽く押した。
「で、ABCの3社のうち、B社は収益性分析をすると特徴的な箇所がありますよ。久保さんならどこを見ますか？」
「お、反撃ですか。大丈夫、宮田さんはそんなにハゲてないよ」
「余計なお世話ですよ、久保さん。久保さんもいつかはハゲるかもしれないですよ〜。ついでに山崎さんも一緒にどうぞ」
「ハゲは、一緒は嫌だな〜」
　山崎弁護士は苦笑いだ。
「いや、ハゲじゃなくてB社の決算書の方ですよ。久保さんは会社の状況がわかっていると思うので、山崎さんに見てもらいましょうか」
　山崎弁護士は、B社の損益計算書をじっくりと見始めた。
「役員報酬が高いかな。売上高の約5％で、1億5千万円も支払っているし」
「山崎先輩、さすが！　B社の創業者社長、もう高齢なんだけど自分ではまだ現役でいるみたいで、多額の役員報酬を要求してくるんだよな」
「私も同意見です。この会社の場合、売上高や利益に対して役員報酬が高いですよね。また、交際費の比率もA社より高いですし、地代

B社損益計算書

	×1期 金額	比率	×2期 金額	比率	×3期 金額	比率
売上高	2,810,281	100.0%	3,017,271	100.0%	2,981,037	100.0%
期首製品棚卸高	492,014	17.5%	500,281	16.6%	487,004	16.3%
当期製品製造原価	2,498,615	88.9%	2,600,083	86.2%	2,601,920	87.3%
小計	2,990,629	106.4%	3,100,364	102.8%	3,088,924	103.6%
期末製品棚卸高	500,281	17.8%	487,004	16.1%	492,017	16.5%
売上原価	2,490,348	88.6%	2,613,360	86.6%	2,596,907	87.1%
売上総利益	319,933	11.4%	403,911	13.4%	384,130	12.9%
		0.0%		0.0%		0.0%
役員報酬	150,000	5.3%	150,000	5.0%	150,000	5.0%
給与手当	100,284	3.6%	98,291	3.3%	100,921	3.4%
法定福利費	12,034	0.4%	11,795	0.4%	12,111	0.4%
福利厚生費	3,052	0.1%	1,057	0.0%	9,022	0.3%
広告宣伝費	838	0.0%	782	0.0%	699	0.0%
交際費	35,022	1.2%	50,921	1.7%	51,098	1.7%
水道光熱費	12,038	0.4%	13,821	0.5%	14,820	0.5%
支払地代	30,000	1.1%	30,000	1.0%	30,000	1.0%
交通費	3,052	0.1%	3,528	0.1%	3,881	0.1%

家賃も社長一家に支払っているようです。交際費や地代家賃も社長に対する支払いと考えれば、さらにこの比率は上がってくると思います。この状況を考えれば、会社が安定して黒字を維持できるようにするには、交際費や地代家賃も含めた『総合的な』役員報酬をどこまで減額できるか、という点がポイントだと思います」

「さすが宮田さん！ そのとおり。ただ、あの社長は頑固で、簡単に報酬を下げることはできないんだ。誰が猫の首に鈴をつけるか、という話で、誰もつけたがらない」

「それでもB社が資金繰りが破綻せずに続いているのは、資金繰りが厳しくなると社長が会社に貸付という形で資金拠出しているからではないですか？ B/Sに代表者借入金というのが見えますが」

宮田会計士は、B/Sの一部を指差した。

B社貸借対照表	×1期	×2期	×3期
仕入債務	496,872	479,720	499,697
短期借入金	781,672	759,210	762,719
代表者借入金	153,810	170,481	200,212
前渡金	629	981	271
未払法人税等	719	705	780
未払金	28,371	20,722	30,281
未払費用	32,810	25,730	29,471
流動負債合計	1,494,883	1,457,549	1,523,431

「そうそう。資金繰りが厳しくなると社長が会社に貸付するんだ。これを代表者借入金として処理しているみたいだな」

「大企業では『代表者借入金』という科目は使わず、単に『短期借入金』とか『長期借入金』の中に含めてしまいますが、中小企業ではこのような勘定科目を使うこともあります。勘定科目の名称にかかわらず、中小企業で代表者が会社に貸付を頻繁に行っているような場合、会社と代表者を実質的に一体と考えて、代表者の資力も含めて資金繰りを考えることになります。そう考えれば、この会社はそんなに業績が悪い会社でもない、という判断もできますよ」

「なるほど、社長と会社を一体と考えることもできるんだ。これは盲点だったな」

久保弁護士は、B社の業績がそれほど悪くなさそうだと知り、安心した様子だ。

「中小企業で、明らかに社長と会社が一体の場合は、ですよ。中小企業は所有と経営が一致していることも多いので、このようなケースが多いと思います。上場企業の社長で役員報酬が1億円だと批判を浴びる可能性がありますが、中小企業の社長で報酬1億円という方は結構いますので」

山崎弁護士も、納得したように話し始めた。
「会計士は役員報酬1つで、そんなにいろいろなことを考えるんだね。それは確かに専門家の仕事だね。私たちは会社にヒアリングをしながら問題点を探るけど、会計士だと決算書から考えていく。要はアプローチの違いってことだね」
「そうですね。会計士は決算書の読込みから入りますので、弁護士さんとはアプローチが違うと思います。決算書の分析というのは、『行間を読む』ことですから、仮説と検証を繰り返すことが基本です。計算だけなら、グーグル先生に計算式を聞いて数値を当てはめれば誰でもできます。重要なのは、その計算の結果として何を読み取るかということで、何を読み取ったかは分析者によって異なるということです」
「宮田さん、キレイにまとめたね。さすが会計士！」
「お褒めの言葉、ありがとうございます」
宮田会計士の顔にも、やっと笑顔が浮かんだ。宮田会計士は話を続ける。
「あと、収益性分析に関連して、上場企業であれば特別損益の内容も留意が必要です」
「特別損益？ なぜ上場企業に限定するの？ 中小企業は気にしなくてもいい理由は何で？」
「せっかく褒めてもらったのに、また山崎さんに尋問されている気が…」
宮田会計士の笑顔は、そのまま苦笑いに変わった。
「もちろん、非上場企業でも特別損益に留意する必要はありますが、上場企業は特に留意が必要です。なぜなら、上場企業は、特別損益を計上することで営業利益や経常利益を黒字にすることがあります。もちろん、粉飾決算ではなく、会計基準の枠内で行われていることですが。一方、中小企業は、特別損益を計上することをあまり望みません。

特別損益は、税務申告書添付の勘定科目明細でその内訳を書かなくてはいけませんから、あまり積極的に開示したくない意図が強い中小企業では躊躇します。銀行から営業利益や経常利益に関するコベナンツが付されていれば話は別ですが」

「上場企業が営業利益や経常利益を黒字に保つ必要性は何？　当期純利益が変わらないのなら、どこで損益を出してもいいと思うけどな」

山崎弁護士はさらに質問を続ける。

「投資家から見ると、営業利益や経常利益を黒字に保つのは非常に重要です。営業利益は会社の本業の利益、経常利益は会社の活動から経常的に計上する利益ですから、この２つの利益は投資家にとって非常に重要なのです。一方、特別損益はイレギュラーにしか発生しない利益なので、特別損益への計上は『これは滅多に発生しないもので、ウチの会社の本当の力とは関係ないですよ』と言いたいのです」

「そこまでわかっていれば、投資家だって特別損益を注視するだろ？　意味ないんじゃないの？」

黙って聞いていた久保弁護士も、興味ありそうだ。

「さすが久保さん！　そのとおりです。そのとおりなんですが、それでも投資家も銀行も営業利益を重視しているのです。最近だとシャープがその例だと思います。本業では回復傾向だけど、過去の『負の遺産』の処理で特別損失を計上していると説明しています。私の推測では銀行借入のコベナンツで、営業利益や経常利益について何らかの条件が課されていると考えられます」

「俺の担当する会社でも、銀行借入にコベナンツが付されているところがあるよ。そういうことか」

「そういうことです。それにアナリストも気にするところです」

宮田会計士は続ける。

「また一昔前は、ゼネコンもよく特別損失を計上していました。赤

シャープ 損益計算書 平成27年3月期第一四半期

	前第1四半期連結累計期間 (自 平成25年4月1日 至 平成25年6月30日)	当第1四半期連結累計期間 (自 平成26年4月1日 至 平成26年6月30日)
売上高	607,913	619,726
売上原価	506,958	510,883
売上総利益	100,955	108,843
販売費及び一般管理費	97,943	104,175
営業利益	**3,012**	**4,668**
営業外収益		
受取利息	265	399
持分法による投資利益	―	2,384
その他	3,017	3,785
営業外収益合計	3,282	6,568
営業外費用		
支払利息	4,275	6,059
その他	14,802	10,643
営業外費用合計	19,077	16,702
経常損失（△）	△12,783	△5,466
特別利益		
固定資産売却益	50	79
投資有価証券売却益	64	166
訴訟損失引当金戻入額	―	19,234
特別利益合計	114	**19,479**
特別損失		
固定資産除売却損	105	125
減損損失	―	※1　813
投資有価証券売却損	―	33
訴訟損失引当金繰入額	1,063	―
解決金	―	※2　14,382
特別損失合計	1,168	**15,353**
税金等調整前四半期純損失（△）	△13,837	△1,340
法人税、住民税及び事業税	5,100	△871
法人税等調整額	△1,278	823
法人税等合計	3,822	△48
少数株主損益調整前四半期純損失（△）	△17,659	△1,292
少数株主利益	318	496
四半期純損失（△）	**△17,977**	**△1,788**

営業利益は黒字である。しかし、キャッシュ・フロー計算書では営業活動によるキャッシュ・フローが赤字であり、依然として営業状況は楽観視できる状態ではないことがわかる。

特別損益を両方向（利益、損失）に多額に計上することで、損失処理を進めていると思われる。

当期（四半期）純利益はトントンにする。

第1章 基本的な決算書の読み方　7．損益計算書から何がわかる？

45

シャープ　キャッシュ・フロー計算書	前第1四半期連結累計期間 (自 平成25年4月1日 至 平成25年6月30日)	当第1四半期連結累計期間 (自 平成26年4月1日 至 平成26年6月30日)
営業活動によるキャッシュ・フロー		
税金等調整前四半期純損失(△)	△13,837	△1,340
減価償却費	32,128	26,073
受取利息及び受取配当金	△856	△930
支払利息及びコマーシャル・ペーパー利息	4,275	6,059
固定資産除売却損益（△は益）	55	46
減損損失	—	813
投資有価証券売却損益(△は益)	△64	△133
訴訟損失引当金繰入額	1,063	—
訴訟損失引当金戻入額	—	△19,234
解決金	—	14,382
売上債権の増減額（△は増加）	19,053	37,388
たな卸資産の増減額（△は増加）	△39,724	△22,728
仕入債務の増減額（△は減少）	6,831	△8,220
賞与引当金の増減額（△は減少）	△7,397	△17,719
その他	△5,409	5,966
小計	△3,882	20,423
利息及び配当金の受取額	936	1,125
利息の支払額	△3,777	△5,663
和解金の支払額	△3,193	△2,185
法人税等の支払額又は還付額（△は支払）	△7,416	△15,935
営業活動によるキャッシュ・フロー	△17,332	△2,235

損益計算書は「お化粧」できても、キャッシュ・フロー計算書は「お化粧」できない。営業利益は黒字であるが、営業活動によるキャッシュ・フローはマイナス。

字決算が公共工事の入札の際に影響するといわれていたので、当期純利益は赤字でもせめて営業利益や経常利益は黒字に保ちたいという意図があったと推測されます。

　ところで、C社も特別利益や特別損失を多額に計上していますね。一方、当期純利益は毎期黒字を維持している。中小企業でこのような決算を組むのは珍しいですね。黒字を維持しなければならない理由があるということですか、久保さん。上場を目指しているとか…」

　「うっ…。でも、俺の口からは何も言えないよ」

8.
キャッシュ・フロー計算書は一目で会社の状況がわかる?

「言えないことを聞く気はありませんよ」
宮田会計士は笑いながら話を続ける。
「ところで、今シャープのキャッシュ・フロー計算書を少し見たので、ついでにキャッシュ・フロー計算書について説明したいと思います」
「キャッシュ・フロー計算書って、中小企業では見かけないね。今見ている3つの会社のいずれもキャッシュ・フロー計算書は添付されていないみたいだし」
山崎弁護士は、決算書をパラパラとめくっている。
「そうなんです。キャッシュ・フロー計算書は、上場企業では作成が義務づけられていますが、会社法や法人税法では作成する必要がありません。したがって、中小企業では作成していません。でも、キャッシュ・フロー計算書は重要なので、併せて説明しちゃいますね」
「中小企業は作成していないんだろ？　だったら手短にな」
久保弁護士のクライアントは中小企業が多いようで、上場企業しか作成していないキャッシュ・フロー計算書にはあまり興味がないらしい。
「手短に説明します。表はこの2つだけですから、これを見ながら聞いてください」
宮田会計士は、2つの表を山崎弁護士と久保弁護士に渡した。

（表1）

項目	意味	プラスの場合	マイナスの場合
営業キャッシュ・フロー	会社の「本業」で、どのようにお金を使ったのか？	本業で「稼いでいる」。大きいほど良い。	本業でお金を稼げていない。マイナスが大きい場合や連続してマイナスの場合は、破綻の可能性も…。
投資キャッシュ・フロー	投資への支出。会社の現状維持のため、未来への投資のため、財務投資（株の購入等）にいくら使ったのか？	固定資産や有価証券の売却を行っている。新規投資を行うために不要なものを売却しているのか、お金が足りなくて切り売りしているのか、見極めが必要。	固定資産や有価証券の購入が多い。会社の未来のための投資か、現状維持なのか、それとも過大な投資を行っているのか、見極めが必要。
財務キャッシュ・フロー	資金過不足への対応や、株主への配当	新たに借入を行っている。事業拡大なのか、お金が足らなくて借りているのか、見極めが必要。	借入金の返済を行っている。返済余力の有無や、配当政策の見極めが必要。

「キャッシュ・フロー計算書は、3つのパートに分かれています。営業・投資・財務の3つです。それぞれの意味は記載しておいたので、見てください」

「随分手抜きだな〜。今までは丁寧すぎるくらいに説明していたのに」

久保弁護士は、先ほど手短にと言ったのを忘れているようだ。山崎弁護士と宮田会計士は顔を見合わせて苦笑いだ。

「久保センセイが手短にって言ったので、手短にしたのですが…。まあ、1枚目より2枚目の方が重要なので、2枚目はちゃんと説明しますね。キャッシュ・フロー計算書は3つのパートのプラス・マイナスの関係を見るだけなので、8つのパターンしかありません。このうち、全部プラスの①と全部マイナスの⑧は実際にはあり得ないの

(表2)

	営業CF	投資CF	財務CF	分析（一例）
①	＋	＋	＋	滅多に見られない。効率的な経営を行っていない可能性あり。
②	＋	－	＋	投資を積極的に行っている。大規模な投資（ex：新たな工場の建設、大規模修繕、新規事業開始）を行っている可能性あり。
③	＋	＋	－	借入金の圧縮や、株主還元にお金を使っている。
④	＋	－	－	本業での「稼ぎ」が十分にあり、本業で稼いだお金で投資を行ったり借入金の圧縮を行っている。
⑤	－	＋	＋	本業で稼げなくなっているため、売れるものは売り、さらに借入も増やしている（まだ借入は行えている）。
⑥	－	＋	－	本業で稼げなくなっているため、リストラを行っている。銀行からの借入も行えない可能性あり。
⑦	－	－	＋	金融機関の支援で経営している。設立間もない企業ではこのような状態もあり得る。
⑧	－	－	－	滅多に見られない。

で、6つのパターンを理解するだけです」

「キャッシュ・フローはシンプルだね！　これだけなら私にも覚えられそうだよ」

「また山崎さんはご謙遜を。でも、さらに6つのパターンは営業キャッシュ・フローがプラスかマイナスかで大きく2つに分けられるので、さらに覚えやすいと思います」

「なるほど、俺でも覚えられそうだ」

「久保センセイはどうかな〜。…冗談です」

久保弁護士は笑いながら、先を促す。

「営業キャッシュ・フローがプラスは、本業の活動でキャッシュを生んでいるということですから、営業キャッシュ・フローがプラスで

あることは会社の基本です。逆に、営業キャッシュ・フローがマイナスだと、本業の活動でキャッシュアウトしてしまっているのですから、業況はかなり深刻だと言えます。シャープは営業キャッシュ・フローがマイナスでしたね」

　山崎弁護士と久保弁護士は、机に置いたシャープの決算書を見返した。

　「確かに。営業利益はプラスなのに営業キャッシュ・フローがマイナスというのは、キャッシュ・フローは嘘をつかない、ということだね」

　「今日の最初の方で黒字倒産の説明をしたと思いますが、ここでやっと繋がりました」

　宮田会計士は得意気だ。

　「というわけで、営業キャッシュ・フローがプラスの場合には、本業で稼いだキャッシュをどのように使っているのか、という点で見ます。②は、大規模な設備投資や有価証券投資をするために、本業で稼いだキャッシュにプラスして資金調達を行っている、と考えることができます。③は、本業で稼いだキャッシュと固定資産や有価証券を売却して得たキャッシュで、借入金の返済や株主への配当を行っている、と考えられます。④は本業で稼いだキャッシュが十分にあり、設備投資等を行いつつ、さらに借入金の返済を行っている、と考えられます」

　「これはクリアーだ。すごくわかりやすいし、見るポイントも少なくていいな」

　「P/Lとは違った視点で、会社の状況をよく反映していますよね。では続いて、営業キャッシュ・フローがマイナスのケースです」

　宮田会計士が続ける。

　「⑤⑥⑦は、営業キャッシュ・フローがマイナスです。本業を頑張っ

てもキャッシュが減ってしまうのですから、経営としてはかなり危機的な状況だと思います。この危機的な状況で、会社をどうやって維持しているのか、というのが⑤⑥⑦になります。

　⑤は売れるものは売り、さらに金融機関等から資金調達することで、キャッシュを回している状況です。ただ、この状態であればまだ資金調達はできているといえます。さらに業績が悪化してくると、新規の資金調達は困難になります。そうなると⑥のように、売れるものは売ってキャッシュを得た上で、借入金等の返済に回す必要があります。⑦は、逆に金融機関の支援で何とか生き延びようとしているパターンです」

「要は、営業キャッシュ・フローがマイナスだとかなり厳しいってことだな」

「そのとおりです。ちなみに、監査法人は会社が潰れそうかどうかの判断をする『継続企業の前提』というのがありますが、営業キャッシュ・フローのマイナスは継続企業の前提に疑義がある可能性があるチェック項目の1つとなっています。その他の項目についても、ご参考までに示しておきますので是非チェックしてください」

財務指標関係	売上高の著しい減少 継続的な営業損失の発生又は営業キャッシュ・フローのマイナス 重要な営業損失、経常損失又は当期純損失の計上 重要なマイナスの営業キャッシュ・フローの計上 債務超過
財務活動関係	営業債務の返済の困難性 借入金の返済条項の不履行又は履行の困難性 社債等の償還の困難性 新たな資金調達の困難性 債務免除の要請 売却を予定している重要な資産の処分の困難性 配当優先株式に対する配当の遅延又は中止
営業活動関係	主要な仕入先からの与信又は取引継続の拒絶 重要な市場又は得意先の喪失 事業活動に不可欠な重要な権利の失効 事業活動に不可欠な人材の流出 事業活動に不可欠な重要な資産のき損、喪失又は処分 法令に基づく重要な事業の制約
その他	巨額な損害賠償金の負担の可能性 ブランド・イメージの著しい悪化

(出典:新日本監査法人 HP)

「監査法人のチェックリストか。これは弁護士も使えそうだね」
「普段から意識していることだとは思いますけど、チェックリストとしてもいいかもしれないですね」

9. 売上債権と棚卸資産から粉飾決算を読み取れ

「さて、キャッシュ・フロー計算書で話がそれてしまいました。またB/S、P/Lに戻りますね。で、次に見ているのが、売上債権と棚卸資産の回転期間です」

「回転期間分析？　急に難しそうだな…」

久保弁護士は真面目な顔になる。

「難しそうなのは名前だけですよ。久保さんなら全く問題ありません」

宮田会計士は続ける。

「売上債権回転期間分析は、売掛金と売上の関係、棚卸資産回転期間分析は、棚卸資産と売上の関係を計算します。この分析が地味に重要なのです」

「地味にって。なんで地味なの？」

山崎弁護士が笑いながら質問する。

「収益性分析とか債務超過とかキャッシュ・フローは、会社全体の話なので派手な感じがしますが、売上債権とか棚卸資産というと会社の一部項目だけなので何となく地味に思えませんか？　私の感想ですが。でも、私はこの分析をかなり重視しています」

「どうして宮田さんはその地味な分析を重視しているの？」

「まず、売上債権の回転期間分析から説明しますね。売上債権は売上に対する対価ですから、期末日近くの売上高に対して比例的に増減します。ところが、例えば、回収不能の売上債権が残っている場合には、売上の増加よりも売上債権の増加の方が大きくなり、回転期間が

延びてきます」

「それはわかるけど、売上債権が回収不能になるのは会社の問題というより得意先の問題だろ？　得意先の倒産なら回転期間分析なんてやらなくてもわかるんじゃないか？」

久保弁護士も興味ありそうだ。

「日頃から会社と付き合っていれば倒産情報もわかりますが、今は決算書の読み方ですからね。それに、倒産に至る前の段階で資金繰りが厳しくなって、売上債権の回収が滞るようなこともありますよ。もちろん、多数の取引先のうち1社で回収懸念があるだけであれば回転期間分析には影響しないかもしれませんが、大口取引先の倒産は大きな影響を与えます。さらに、売上債権の回転期間が延びることは、粉飾決算の予兆である場合もあります」

「話が大きくなってきたね。粉飾決算か…」

山崎弁護士は、ため息をついた。

「いわゆる粉飾決算は利益の増大化が目的です。利益を増大化させるには、売上を大きくするか、費用を小さくするかのどちらかですが、売上を大きくする方がよく行われます。粉飾の手口は機会があれば別途説明しますが、粉飾により売上を大きく見せた場合、当然その売上債権は回収できませんので、その分だけ回転期間は延びます」

「なるほど。でもそんな単純に粉飾決算がわかるものかなぁ？」

久保弁護士は納得いかない顔をしている。

「極端な例ですが、上場から6ヶ月で上場廃止となった(株)エフオーアイという会社は、上場前売上高118億円のうち100億円以上が架空売上でした。上場時はいろいろな理由を述べていたようですが、売上債権残高がどんどん大きくなる、すなわち、売上債権回転期間分析が適正に行われていれば、そのおかしさに気付いたはずです。もちろん、それでも上場させてしまった監査法人、証券会社、上場審査等の

(株)エフオーアイ決算書

5.【四半期連結財務諸表】
(1)【四半期連結貸借対照表】

(単位：千円)

	当第3四半期連結会計期間末 (平成21年12月31日)	前連結会計年度末に係る 要約連結貸借対照表 (平成21年3月31日)
資産の部		
流動資産		
現金及び預金	2,546,184	2,661,860
売掛金	26,621,076	22,895,952
仕掛品	3,628,557	3,325,763
その他	376,927	528,852
貸倒引当金	△579,500	△579,500
流動資産合計	32,593,245	28,832,928
固定資産		
有形固定資産	168,248	220,826
無形固定資産	14,147	13,302
投資その他の資産	179,028	110,772
固定資産合計	361,424	344,900
資産合計	32,954,670	29,177,829
負債の部		
流動負債		
買掛金	509,313	599,374
短期借入金	6,660,264	9,616,730
未払法人税等	394,525	859,999
引当金	193,484	225,401
その他	1,249,709	873,341
流動負債合計	9,007,297	12,174,846
固定負債		
社債	300,000	470,000
長期借入金	2,031,440	2,724,310
その他	10,809	11,076
固定負債合計	2,342,249	3,205,386
負債合計	11,349,546	15,380,233
純資産の部		
株主資本		
資本金	9,485,924	6,009,533
資本剰余金	9,428,413	5,955,033
利益剰余金	2,676,261	1,821,839
株主資本合計	21,590,599	13,786,405
評価・換算差額等		
為替換算調整勘定	△13,902	△18,233
評価・換算差額等合計	△13,902	△18,233
新株予約権	28,426	29,423
純資産合計	21,605,123	13,797,596
負債純資産合計	32,954,670	29,177,829

第1章　基本的な決算書の読み方　9.　売上債権と棚卸資産から粉飾決算を読み取れ

(2)【四半期連結損益計算書】
【第3四半期連結累計期間】

(単位：千円)

	当第3四半期連結累計期間 (自　平成21年4月1日 　至　平成21年12月31日)
売上高	8,563,162
売上原価	5,102,076
売上総利益	3,461,086
販売費及び一般管理費	1,469,159
営業利益	1,991,927
営業外収益	
受取利息	1,432
還付加算金	4,462
その他	2,080
営業外収益合計	7,975
営業外費用	
支払利息	254,299
資金調達費用	109,490
為替差損	118,715
その他	90,822
営業外費用合計	573,327
経常利益	1,426,575
特別利益	
新株予約権戻入益	1,242
特別利益合計	1,242
税金等調整前四半期純利益	1,427,817
法人税、住民税及び事業税	599,880
法人税等調整額	△26,485
法人税等合計	573,394
四半期純利益	854,422

責任は重大ですが」

「118億円のうち100億円以上が粉飾って（笑）。冗談だろ？　それを会計士が気付かなかったって、それこそ分析が甘かったとしか思えない」

久保弁護士はあきれ顔だ。

「粉飾が明らかになってから考えると、分析が甘かったといわれればそのとおりです。私も同じことを思います。これは会計士にとっては笑えない事件でした。この事件も含めて、粉飾決算については別の

(3) 【四半期連結キャッシュ・フロー計算書】

(単位:千円)

	当第3四半期連結累計期間 (自 平成21年4月1日 至 平成21年12月31日)
営業活動によるキャッシュ・フロー	
税金等調整前四半期純利益	1,427,817
減価償却費	61,625
引当金の増減額（△は減少）	△30,960
受取利息及び受取配当金	△1,432
支払利息	254,299
為替差損益（△は益）	217
売上債権の増減額（△は増加）	△3,724,817
たな卸資産の増減額（△は増加）	△306,089
仕入債務の増減額（△は減少）	△90,060
その他	414,552
小計	△1,994,847
利息及び配当金の受取額	789
利息の支払額	△260,419
法人税等の支払額	△1,059,828
営業活動によるキャッシュ・フロー	△3,314,305
投資活動によるキャッシュ・フロー	
定期預金の預入による支出	△33,360
定期預金の払戻による収入	133,718
有形固定資産の取得による支出	△1,129
無形固定資産の取得による支出	△5,000
貸付けによる支出	△1,950
貸付金の回収による収入	2,071
その他	564
投資活動によるキャッシュ・フロー	94,914
財務活動によるキャッシュ・フロー	
短期借入金の純増減額（△は減少）	△3,046,096
長期借入れによる収入	80,000
長期借入金の返済による支出	△683,240
社債の償還による支出	△50,000
株式の発行による収入	6,902,038
その他	△1,626
財務活動によるキャッシュ・フロー	3,201,075
現金及び現金同等物に係る換算差額	855
現金及び現金同等物の増減額（△は減少）	△17,459
現金及び現金同等物の期首残高	2,546,997
現金及び現金同等物の四半期末残高	2,529,537

　機会があれば、もう少し詳しく話しますね。

　ちなみに、（株）エフオーアイとまではいいませんが、C社も地味

C社貸借対照表

	×1期	×2期	×3期
現金及び預金	1,039,220	1,040,281	682,011
売上債権	802,719	1,382,915	2,123,349
製品	598,261	610,821	942,918
仕掛品	391,931	310,281	502,811
原材料・貯蔵品	266,802	280,710	302,971

C社損益計算書

	×1期	×2期	×3期
売上高	6,027,193	6,629,173	9,082,618

＜売上債権回転期間＞

	×1期	×2期	×3期
売上債権	802,719	1,382,915	2,123,349
売上高	6,027,193	6,629,173	9,082,618
売上高÷12	502,266	552,431	756,885
売上債権回転期間	1.60	2.50	2.81

＜棚卸資産回転期間＞

	×1期	×2期	×3期
製品	598,261	610,821	942,918
仕掛品	391,931	310,281	502,811
原材料・貯蔵品	266,802	280,710	302,971
棚卸資産合計	1,256,994	1,201,812	1,748,700
売上高	6,027,193	6,629,173	9,082,618
売上高÷12	502,266	552,431	756,885
棚卸資産回転期間	2.50	2.18	2.31

に売上債権の回転期間が延びているんですよね」
「久保くん、ピ～ンチ！」
山崎弁護士が笑いながら久保弁護士を見た。
「ちゃんとした理由があればいいんだろ！　今度聞いておくよ」
「是非、聞いてください。C社はそこまで急激に回転期間が延びて

いるわけではないですが、この機に理由を聞いておくのは重要だと思いますよ」

宮田会計士は真面目な顔を崩さない。

「というわけで話を戻すと、（株）エフオーアイのように極端ではなくても、売上債権回転期間分析で回転期間が大幅に延びている場合には、やはり注意が必要だと思います。

棚卸資産回転期間分析も、同様に重要な指標です。商品製品を売買している会社の場合、売り上げた分だけ棚卸資産は減少することになるので、在庫切れを起こさないように一定量確保しようとします。ですから、棚卸資産の回転期間は売上に対してある程度一定になると考えられます。ところが、棚卸資産の回転期間が延びている場合には売上に対して過剰在庫が発生しているということになります」

「棚卸資産の回転期間分析でも、粉飾の可能性を見抜ける？」

久保弁護士は、Ｃ社の決算書を見ながら聞いた。Ｃ社が気になるようだ。

「例えば、架空売上の場合、売り上げても在庫は減らないので、その分だけ在庫が残ってしまうことになりますよね。もちろん、粉飾決算まで行う会社なら在庫の出庫処理を行ってごまかすかもしれませんが。ただ、粉飾には至らなくても過剰在庫、不良在庫があれば在庫は高止まりしてしまいますので、回転期間は延びることになります。したがって、売上債権と同様に棚卸資産回転期間分析も非常に重要な指標と考えています。

Ｃ社は、棚卸資産の金額は急増していますが、それ以上に売上高も伸びているので、回転期間分析では問題なさそうですね。ただ、売上高も棚卸資産も、金額自体が大幅に伸びているので、理由を聞いておく必要はあると思います」

10.
上場企業と
中小企業の違いは?

「ここまでざっと話してきたけど、肝心のことを話し忘れていました」

「おいおい、宮田センセイ。肝心なことは先に話せよ。で、肝心なことって?」

久保弁護士は宮田会計士の発言にイライラしている。

「これまでも少し話してきましたが、上場企業と中小企業では、決算書の質が違うということです。見た目は似ていても、内容が違うことがあります」

「それはそうだろうな。上場企業と中小企業では規模も体制も企業活動も異なるのだから、違うのは当然だろ?」

「もちろん、それらも違うのですが、何よりも決算書を作成する際の基準が違うのです。決算書を作る基準が違うというのは語弊があるかもしれませんが、理解のためには基準が違うと言っていいと思います」

「要するに、日本の会計基準は上場企業向けと中小企業向けの2つがあるということ?」

山崎弁護士は不思議そうに尋ねた。

「う〜ん。答えはYesとも言えるし、Noとも言えます。誤解を恐れず言えば、上場企業は金融商品取引法に従って会計処理しますが、非上場であれば金融商品取引法の適用はありません。いわゆる『J-GAAP』と呼ばれる会計基準は、金融商品取引法に従った会計基準になります」

山崎弁護士は、首をかしげている。
「中小企業はJ-GAAPには従わなくて、何に従った会計基準なの？」
「会社法と税法です。上場企業も当然、会社法や税法の基準に従わなくてはいけませんし、『公正な会計慣行に斟酌する』という文言はあります。しかし、税法は会計処理に関して詳細記述はありません。会社法にも税法にも会計処理は会計側に任せていて、税法では会計と異なる処理、税法特有の処理について細かく規定されているのです。そして非上場企業は、税法の処理に従って会計処理することが多いのです」
久保弁護士も、不思議そうな顔をして質問してくる。
「よくわからないな。上場企業も税法の処理は行うんじゃない？」
「上場企業の場合、決算書は会計処理に従って作成します。一方、法人税の計算、すなわち、ここでの「税法」に従った処理は、法人税申告書の中で行います。
一方、中小企業は、いわゆる『J-GAAP』の会計処理と税法に従った処理を二重に行うことはマンパワーの点でも能力の点でも困難です。ではどちらを採用するかと税法に従った処理を採用することになります」
「事情はわかった。具体的には何が違うんだ？」
「例えば、次のとおりです。ごく一例ですが」

項目（一例）	内容	処理の例
連結	親会社と子会社を「1つの企業」とみなして決算書を作成する。	親子会社間で取引を行い、利益調整する。
貸倒引当金	債権のうち、回収できないと見込まれる金額を計上しておく。	過少に計上、若しくは計上しない。
減価償却費	固定資産の取得価額を費用配分していく。	過少に計上、若しくは計上しない。
退職給付引当金	将来の退職金や年金の支払いに備えて計上する。	計上しない。
税効果会計（繰延税金資産）	会計と税務の差を調整する。	そもそも会計基準を適用せず、税務基準で処理する。若しくは、税効果会計を適用しない。

「結構違う項目があるね」

山崎弁護士は項目を1つひとつ確認している。

「そうなんです。それも重要項目で違いが多いのです。税務処理を上場企業が会計処理として採用したら明らかに誤りですが、中小企業では税務処理を会計処理としてそのまま採用しているケースが多いので、大企業と中小企業の決算書を比較する場合には留意が必要です」

「それって、中小企業の会計処理は間違っているということじゃないか？」

「いやいや、間違っているというと語弊がありますよ。法人税法に従っているのですから。別の言い方をすれば、今の会計基準は国際会計基準も視野に、いわば『国際化』していますが、中小企業にとっては国際化なんて関係ないところがほとんどですから、厳密な会計基準に従うメリットが少ないということです。そもそも会計基準の国際化は、国際展開している企業の比較可能性を確保することですから、一般投資家のいない中小企業では不要とも言えます」

「とすれば、やっぱり会計基準は2つあるって理解でいいんじゃな

いの？」
　久保弁護士が畳みかけるように言う。
「会計士的にYesとは言いにくいですが、センセイの理解ということであれば否定はしませんよ」
　宮田会計士は口ごもっている。答えにくそうだ。
「で、またまたC社ですが。例えば、固定資産と減価償却費を見比べると、固定資産は金額が変わっていないのに減価償却は大幅に減少しています。また、中小企業は繰延税金資産を計上していないケースの方が圧倒的に多いのですが、突然繰延税金資産を計上し、その分だけ法人税がマイナスとなっています。これらは税務基準の範囲内で、ちゃんと申告をしているのであれば特に問題になることはありませんが、会計基準では誤った会計処理方法を採用している可能性があります。したがって、C社が中小企業であるかぎり粉飾決算とまでは言えませんが、利益調整をしたいという意図があって、このような処理を行っていることが推測されます」

C社貸借対照表

	×1期	×2期	×3期		×1期	×2期	×3期
現金及び預金	1,039,220	1,040,281	682,011	買掛金	869,189	1,088,364	1,401,020
売上債権	802,719	1,382,915	2,123,349	短期借入金	1,802,991	2,062,179	2,502,812
製品	598,261	610,821	942,918	1年以内返済予定長期借入金	240,000	240,000	380,200
仕掛品	391,931	310,281	502,811	前渡金	3,753	7,921	5,281
原材料・貯蔵品	266,802	280,710	302,971	未払法人税等	6,028	5,098	55,520
前払費用	2,041	4,053	7,011	未払金	1,624	1,429	2,791
仮払金	8,018	2,719	2,741	未払費用	47,281	26,192	20,173
その他	109,721	99,301	190,292	流動負債合計	2,970,866	3,431,183	4,367,797
貸倒引当金	−39,102	−38,102	−992	長期借入金	3,200,000	2,960,000	4,025,000
流動資産合計	3,179,611	3,692,979	4,753,112	社債	200,000	180,000	460,000
建物及び付属設備	528,102	520,917	702,810	長期預り金	30,000	10,000	1,000
機械装置及び運搬具	1,518,355	1,298,901	1,584,922	固定負債合計	3,430,000	3,150,000	4,486,000
器具備品	680,211	672,891	705,886	負債合計	6,400,866	6,581,183	8,853,797
土地	602,910	602,910	1,029,421				
建設仮勘定							
有形固定資産合計	3,329,578	3,095,619	4,023,039				
のれん	80,271	50,400	802,910				
その他	3,021	3,021	20,429				
無形固定資産合計	83,292	53,421	823,339	資本金	150,000	150,000	150,000
投資有価証券	371,921	280,517	240,182	資本準備金	150,000	150,000	699,220
子会社株式	0	0	103,200	利益剰余金	207,634	219,293	299,047
繰延税金資産	0	0	70,182				
その他	48,299	58,201	39,281	有価証券評価差額金	104,201	80,261	50,271
投資その他の資産合計	420,220	338,718	452,845	純資産合計	611,835	599,554	1,198,538
資産合計	7,012,701	7,180,737	10,052,335	負債・純資産合計	7,012,701	7,180,737	10,052,335

C社損益計算書

	×1期	×2期	×3期
売上高	6,027,193	6,629,173	9,082,618
期首製品棚卸高	602,719	598,261	610,821
当期製品製造原価	4,801,620	5,229,182	7,922,619
小計	5,404,339	5,827,443	8,533,440
期末製品棚卸高	598,261	610,821	942,918
売上原価	4,806,078	5,216,622	7,590,522
売上総利益	1,221,115	1,412,551	1,492,096
役員報酬	208,600	303,000	385,000
給与手当	386,291	390,278	480,281
法定福利費	46,355	46,833	57,634
福利厚生費	48,201	70,271	80,751
広告宣伝費	3,618	1,083	1,209
交際費	104,921	157,299	160,281
水道光熱費	8,204	6,291	4,897
支払家賃	5,028	3,710	3,591
交通費	50,281	59,921	68,722
減価償却費	**268,103**	**258,104**	**80,271**
貸倒引当金繰入高	39,102	38,102	992
のれん償却	28,102	29,871	102,810
消耗品費	785	682	907
その他	2,862	7,132	4,826
販売費及び一般管理費合計	1,200,453	1,372,577	1,432,172
営業利益	20,662	39,974	59,924
受取利息	792	389	271
為替差益	2,610	183	9,017
有価証券売却益	8,720	0	0
営業外収益	12,122	572	9,288
支払利息	12,550	11,391	20,491
有価証券売却損	0	11,092	30,918
営業外費用	12,550	22,483	51,409
経常利益	20,234	18,063	17,803
貸倒引当金戻入益	0	0	37,110
固定資産売却益	0	0	20,182
特別利益	0	0	57,292
製品廃棄損	3,014	2,012	812
業務改善費用	0	0	60,291
特別損失	3,014	2,012	61,103
税引前当期純利益	17,220	16,051	13,992
法人税等	5,023	4,392	4,420
法人税等調整額	**0**	**0**	**−70,182**
当期純利益	12,197	11,659	79,754

第1章　基本的な決算書の読み方　10．上場企業と中小企業の違いは？

「う〜ん。C社は俺が思っているよりも根が深そうだな」
　久保弁護士はC社の決算書を見ながら、悩ましげに言った。
「そうですね。ここまででも十分にC社決算書の不可解なところがわかると思います。それで先ほどは、不穏当かもしれないけど粉飾決算という言葉を使いました」
「なるほど。確かに怪しく思えてきたな。俺は社長と専務としか話してないけど、もっと全体を見る方がいいな」

11.
税理士は気にする役員報酬

「中小企業の決算書を見るときに、他の注意点はある？」
山崎弁護士も中小企業の決算書には興味がありそうだ。
「先ほども話したとおり、上場企業と中小企業では決算書の質が違うわけですから、上場企業と中小企業を比較してみる場合には注意が必要です。ただ、決算書の読み方という大きな枠組みでは、違いをそれほど意識しなくてもいいと思います。弁護士の先生は会計処理について把握するのではなくて、その会社がどのような状態にあるのかを知ることが目的だと思いますので。
その他、細かい点になりますが、中小企業の決算書を見る際に留意してほしいのが、山崎さんが気にしていた仮払金や立替金といったいわゆる雑科目です。金額が小さければ問題ないですが、金額が大きい場合には内容を確認してほしいと思います」
「結局、仮払金や立替金って何？　中身がよくわからないんだよね」
山崎弁護士の質問に、宮田会計士はまた困った顔をしている。
「何と言われても困ってしまのですが…。その名のとおり『仮払い』『立替え』払いをしているときに用いるものですが、これらの内容を確認してほしいと言ったのは、まさに『仮払いや立替えの中身は何なんだ？』ということを明確にするためです。よくわからない取引とか処理できないようなものが仮払金や立替金に残っていることがあるので、金額が大きければ納得できるまでヒアリングした方がいいでしょうね。ですから、私も山崎さんと同じで『結局何なんだ？』ということです。負債側の仮受金も同じです」
「な～んだ、宮田さんも同じなんだ」
山崎弁護士は笑いながら言った。

「同じですよ。わからないものはわかりません。
　その他、B社で少し説明しましたけど、役員報酬についても注意が必要です」
「そうそう、役員報酬については顧客からの質問が多い項目なんだ。B社は役員報酬が高すぎる点が問題だったけど、それならいくらが適正水準か、期中での変更が可能か、現物支給や家賃補助が可能かとか」
　B社は役員報酬がポイントだっただけに、久保弁護士も真剣だ。
「確かに役員報酬は論点多いですね。ただ、決算書を見る上で注意してほしかったのは、役員報酬が過大すぎて利益が出ていない若しくは資金繰りが悪化しているケースがある場合、役員報酬の減額可能性や役員からの資金援助の可能性を考えて決算書を見る必要があるということでした。まさにB社の例です。久保さんが気にしているのは、役員報酬の税務処理についてですね。税務処理は決算書の読み方とは直接関係しないけど、せっかくなので幾つか留意点だけ」
「それは私も気になっているところだよ」
「やっぱり弁護士と会計士では、視点が違いますね。役員報酬は税理士の分野なので、会計士はそれほど気にしない分野です。
　基本的に、役員報酬は株主総会で総枠を決定し、取締役会で配分を決定します。決定した役員報酬は次の決算までは変更できない、と一般的には説明されています。ただ、この説明は少し言葉足らずで、正確には役員報酬を変更することはできるけど、変更したら当初決めた金額との差額が損金不算入、すなわち税務上の費用としては認められないことになります」
「つまり、損金不算入すれば役員報酬を変更してもいいということ？」
「そういうことです。ただ、損金不算入してまで役員報酬を払えば、会社の法人税が増えることになります。株主と役員が同一人物であれ

ば問題は少ないですが、株主から見たら自分の配当を減らして役員報酬を変更することになりますから、抵抗があるでしょうね。そこまでして役員報酬を変更するなら、次の期まで待った方がいいと思います。それに、役員報酬の変更は、税務署からの心証が悪くなる可能性はありますよ」

「そういうリスクを認識した上で、期中変更するかどうかを決めるんだね」

山崎弁護士は納得顔だ。

「そもそも、法人税法が期中に役員報酬を変更することを認めないのは、役員報酬を変更することで決算調整することを防ぐことにあります。だから、儲かりそうだから役員にボーナスを支給するというのも当然に認められません。ボーナスを払うのではなく、翌期の役員報酬に反映させることなります。役員報酬の減額も同様に認められません」

「増額や減額した場合、否認する金額はいくら？　全額否認されるわけではないんだろ？」

久保弁護士は、B社の役員報酬を下げることを念頭に置いているのか、B社の決算書を見ながら質問してくる。

「図を頭の中に思い浮かべてほしいのですが、報酬額を縦、時間軸（月）を横の棒グラフを書いたとき、低い報酬額から飛び出た金額を否認します。つまり、増額改定なら増額した額、減額改定であれば、当初の金額と減額後の金額の差額です」

「役員報酬全額を否認するわけではないのか！　安心した」

「税法はそこまで鬼ではありませんよ。役員報酬を増減させることによって損益調整を行うことを防止しているだけですから」

「役員賞与も基本は認められないんでしょ？」

山崎弁護士も質問してくる。やはり役員報酬は質問が多い分野のよ

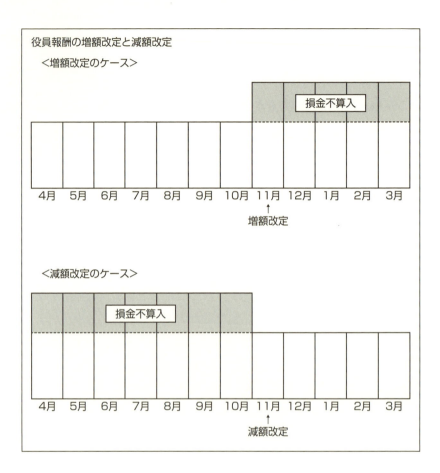

うである。

「役員賞与も役員報酬と同じです。役員賞与を支払うことを株主総会で決議していて、その旨を事前に税務署に届け出ておけば、役員賞与の支給は認められます。要は、期中に役員報酬・賞与を変更することが認められないのであって、株主総会で『事前に』賞与も含めた役員報酬の総額が決まっているのであれば、何ら問題はありません」

「株主総会って、例えば、3月決算なら5月に開催だろ？　とすれば、6月分から1年間の役員報酬を決めるってことになるのか？」

久保弁護士は、B社がいつから役員報酬を変更できるか、タイミングも考えているようだ。
「スイマセン。説明不足でしたね。
　ご指摘のとおり、3月決算であれば5月の定時株主総会で決議しますので、6月分の役員報酬から変更することになります。したがって基本は6月〜翌5月です。ただし、3月末に臨時株主総会決議を行うことを前提に、期首、すなわち4月から変更することも可能です」
「オッケー！　クリア」
「それじゃ、私からも追加質問。期中って言ってたけど、決算期を変更した場合には1年でなくてもいいということ？」
　随分具体的な質問だ。山崎弁護士も役員報酬ではいろいろな質問があるようだ。
「そのとおりです。決算期を変更すれば、役員報酬は変更できます。決算期を変更してまで役員報酬を変えたいのであれば、それも検討材料の一つですね」
「私もオッケー」
「ありがとうございます。あと、役員報酬は業績の著しい悪化とか、役員の病気といった、やむを得ない事情がある場合には変更が認められることがあります。ただし、単なる業績の悪化ではダメで、役員報酬を下げなければ会社の存続が危ぶまれるような状態のときに限定されますので、それを立証する証拠を準備しておく必要がでてきます」
「役員報酬、やっぱり奥が深いね。実際に変更したいクライアントが出たときに、宮田さんに聞いた方がよさそうだな」
「そうですね。役員報酬だけでも1冊本が書けるくらいの論点がありますから。
　また、役員報酬の論点として、役員への家賃補助や社宅の問題もあります。家賃補助であれば、株主総会決議で家賃補助について決めて

おくこと、賃金規程等の社内規程にて記載していることが必要になります。また、社宅については家賃の計算方法が税法上で決められています。事前に税理士に相談して計算してもらうことが必要になります」
「やっぱ役員報酬は難しいわ」
久保弁護士は笑いながら言った。
「私も同感です。細かいところは調べてからでないと回答できないです」

12.
決算書から会社の状況を知ることができるのか?

「ところで、最初はA社を題材に話してくれていたのに、いつの間にかA社の話が消えちゃったな。宮田さんはA社について、結局どう思うの?」

山崎弁護士はA社の話に戻した。

「そういえばそうでした。失礼しました。

結論から言うと、A社の業績は見た目は非常に悪そうに見えます。決算書を客観的に見ればいつ倒産してもおかしくないと思います。しかし決算書をよく見ると、固定資産と長期借入金が増えていることに気付きました。A社は危なそうな会社だったのに、銀行から融資を受けて設備投資ができるのはなぜか、と考えました」

A社貸借対照表

	×1期	×2期	×3期		×1期	×2期	×3期
その他	9,201	8,801	8,102	流動負債合計	213,303	220,040	216,087
貸倒引当金	−251	−251	−251	長期借入金	250,000	238,000	370,000
流動資産合計	181,767	176,164	165,315	社債	0	0	20,000
建物及び付属設備	152,810	150,201	153,910	長期預り金	7,021	7,021	6,038
機械装置及び運搬具	60,218	56,922	170,921	固定負債合計	257,021	245,021	396,038
器具備品	6,382	4,012	5,008	負債合計	470,324	465,061	612,125
土地	30,210	30,210	30,210				
建設仮勘定	0	0	20,916				
有形固定資産合計	249,620	241,345	380,965				

「確かに、この2点だけを着目すると銀行借入で機械を購入したよ

うに見えるな。山崎先輩、何かあったんですか？」
　久保弁護士も気になるようだ。
　「ああ、これは新しい特許を取ったんだけど、これがうまく事業化できそうなんで、銀行から融資を受けて設備投資を行ったんだよ。メインバンクが特許をプラスに評価してくれたんだ」
　「なるほど、それなら理解できます」
　宮田会計士は納得顔だ。
　「A社はキャッシュ・フロー計算書は作成していないですが、先ほどの表2の例だと⑦に近いのかもしれないですね（8．参照）。銀行支援で会社が生き延びているような状況です。ただ、逆に言えば銀行は支援してくれている、ということです。銀行はそんなに甘くないので、会社が潰れそうならニューマネーは出しません。それが、ニューマネーを出したということは銀行がその特許を高く評価していることの表れでしょう。金融機関は中小企業を評価するとき、当該企業に特殊な技術力が認められる場合はその点を考慮することがあります。A社は、まさにそのような典型例かもしれないですね」
　「決算書の読み方だったのに、最後は特許とか銀行の話か」
　宮田会計士は、2人の弁護士を見ながら説明する。
　「それはそうですよ。『決算書の読み方』という内容の本はたくさん売っていますし、私もセミナー決算書の読み方で数時間話していますが、決算書を読めば会社の状況が完璧にわかる、なんてことはありません。逆に言えば、会社の状況が完璧にわかる決算書の読み方があるのであれば、本もセミナーも不要ですからね。決算書から何を読み取るかは、分析者の想像力にかかっているといっても過言ではありません。世間の評論家と同じです（笑）。
　決算書は一定のルールの基に作られているので、どんな会社でも同じように出来上がります。したがって、決算書の読み方に慣れてしま

えば、どんな会社でも同じような視点で読むことができるのがメリットです。一方、会社はすべて異なります。業種、規模、会社の個別事情等々、一つとして同じ会社はありません。だからこそ、決算書を読む前に、その会社のことを少しでも知ってから見てほしいのです。顧問先でなくても、ホームページを見れば会社のことがわかりますし、できればその業界についても少し知ってから見てほしいのです。そうすれば、決算書という『平面的な』ものが、会社という『立体的』なものに見えてくるはずです」

「なるほどな、勉強になったよ。宮田さんサンキュー」

「私も助かったよ。宮田さん、ありがとう」

第2章

決算書の信頼性と粉飾決算

0. 久保弁護士と C社X社長の会話

　久保弁護士とC社のX社長の定例の打合せが終わった。通常であればこのあと軽く雑談をして終了だが、X社長の表情は真剣なままである。
「久保先生、今の話とは別のご相談があるんですけど、お時間ありますか？」
「もちろん、X社長のためなら喜んで時間を空けますよ」
　久保弁護士はいつもどおりくだけた口調で答えたが、X社長の顔は笑っていなかった。X社長の雰囲気はいつものイケイケな様子とは異なっている。
「お話にくいことではあるのですが、ウチが株式上場を目指していることは前からご相談しているところです。そのために、私は従業員に対しても全社一丸となって業績を上げるよう、ハッパをかけてきました」
「確かに、いつ会社に伺っても活気がありましたからね。会社が元気なのは良いことです」
　久保弁護士はX社長の目を見ながら、ゆっくりと答えた。
「私もこういう性格ですし、オヤジから社長の座を譲り受けて以降、猪突猛進で突き進んできてやっと上場を目指せるところまでこられたという自負はあります。ついてこられない従業員が辞めてしまうのも、仕方ないことだと割り切っていました。しかし…」
　X社長は一呼吸置いた。久保弁護士は黙っている。

「久保先生に隠しごとをしても仕方ないですね。実は、経理部長から資金繰りが厳しいとの報告が上がってきたのです。寝耳に水でした」

X社長は気分を落ち着かせるため、テーブルのお茶に手をつけた。

「資金繰りが厳しいって、突然ですか？　大口取引先の倒産があったとか？」

久保弁護士の口調も真剣になってきた。

「いや、大口取引先の倒産があったのであれば、先生には債権回収の依頼を行いますよ。実は、言いにくいのですが、どうやら粉飾決算をしていたらしいのです。いや、粉飾決算じゃなかったのかな？　私は会計には疎いのでよくわかりませんが、とにかく決算で黒字になるように調整していたらしいのです」

「『らしい』って、粉飾決算を経理部長の一存で行ったということなんですか？　それは少しおかしいと思いますが」

久保弁護士は身を乗り出してX社長に聞く。久保弁護士は視線をX社長の目から離さない。

「そこがお恥ずかしい話なのですが、上場を目指すには黒字を維持しなければならないと思っていたので、黒字決算となるように指示してきました。営業にはもちろん、経理にも強く指示したことがあると思います。その結果、経理部長は黒字になるように毎期決算を調整してきたとのことです。私も、会計のことは経理部長に任せてきたので、黒字決算の決算書を見て満足して、それ以上何かを聞くことはありませんでした」

X社長の額には、汗がじんわりと滲んできた。

「資金繰りについては、海外案件への投資等で銀行からも借入できていたので、これまでは何とか回っていました。私も銀行か

ら借入できているのだから、資金繰りが厳しいとは想像もしていませんでした。しかし、最近の急激な円安で資材調達コストも上がり、売上も思ったほど上がらないなかで、銀行借入の返済資金が厳しくなってしまったと、昨日経理部長が報告にきたのです」

「それで、X社長はどうしたいのですか？」

久保弁護士は冷静にX社長を見つめた。

「まずは経理部長をクビにするつもりです。カネについては私が駆けずり回ってでも何とかします。それと同時に、今の会社の現状をちゃんと把握したいと思っているのですが」

「X社長、こんなときに言う話ではないかもしれないけど…」

久保弁護士は少し怒った様子でX社長に言った。

「確かに経理部長の一存で粉飾決算したのであれば、経理部長はクビで当然だし、損害賠償でも何でもしたらいいと思いますよ。でも、社長の言動にビビって経理部長は決算調整したって言っているんだから、経理部長をクビにしたって何の解決にもならないよ。同じ問題を繰り返すだけ。経理部長は粉飾じゃなくて決算調整って言っているのなら、まずは実態把握が先じゃない？ 資金繰りはX社長が何とかするなら、すぐに倒産ってことにはならないだろ」

久保弁護士は興奮しているのか、いつものタメ口に変わってきた。相当怒っているようだ。

「まずは、会社の傷がどのくらい深いのかの把握からだな。これを知っているのは経理部長だけ？」

「経理部長は私以外誰にも言っていません。経理部の人間は気付いているかもしれませんが」

「なら、早急に調査する必要があるな。ウチに会計士がいるから、対応できるか聞いてみるよ。それと同時に、法的に何ができ

> るかの検討も始めておくよ」
> 「久保先生、ご迷惑をおかけしますがよろしくお願いいたします」
>
> 久保弁護士は、3ヶ月前の宮田会計士の言葉を思い出していた。
> 「C社は、粉飾決算かもしれないですよ…」

1.
怪しい決算書

　久保弁護士は宮田会計士のブースに行くと、宮田会計士はインターネットを見ていた。
「お、宮田さん、会計士はネットばかり見てヒマなのかよ？」
「久保さんは相変わらず失礼ですね〜。調べることがあって検索していたら、タマタマ気になる記事があって読んでいただけですよ」
　宮田会計士は芸能ニュースを見ていたようだ。確かに仕事とは関係ない。
「まあ、イイや。少し時間ある？　チョット相談があるんだけど」
「最近お会いする機会が多いですね。久保さんは商売繁盛のようで。私は貧乏ヒマなしですよ」
「商売繁盛というか、次々に問題が明らかになっているだけだよ」
　いつもなら冗談で返す久保弁護士だが、今日は真面目な顔のままだ。
「この前聞いたC社、やっぱり怪しそうなんだ。今日、社長と会ってきたんだけど、粉飾決算だか決算調整をしているってわかったんだ。しかも、すでに資金繰りが厳しくなっているって」
「やっぱりと言ったら失礼だけど、この前C社の決算書を見せてもらったときからおかしいと思っていたから、その話を聞いてもサプライズではないですね。こういう想定は外れた方がハッピーなのですが」
　久保弁護士の厳しい表情を見て、宮田会計士も真剣な表情のままである。いつものくだけた感じにはならない。
「さすが宮田先生でございます。残念ながら想定が当たってしまったようです。もっと早く相談しておけばよかった」
　久保弁護士は少し落ち着いたのか、おどけた様子でC社の決算書を机に置いた。

「前に宮田さんが上場って言っていたけど、ご想像のとおり、C社は将来的には上場も考えていたんだ。でも、そのために社長が従業員に無理をさせていて、退職者が多かったのも事実。それでも売上は順調に上がっていたから、会社は順調だと俺は思っていたんだ。ところが、社長が経理部長から資金繰りが厳しいという報告を受けたんで、社長が経理部長を問い詰めてたところ、黒字決算にするために粉飾決算だか決算調整だかをしていた、とゲロしたらしいんだ」

宮田会計士は頷きながら聞いていた。

「よく聞く話ですね。イケイケドンドンの社長が無理なことばかり言ってくるので、最初の段階では従業員の退職が相次ぐ。さらに悪化してくると、社長の要求を達成するために押込み販売のような手段で取引先に迷惑をかけるか、売上があがっているようにみせかけるために粉飾決算をする、というのが一般的なパターンです。

今の話だと、社長は知らなかったような印象ですけど、本当に知らなかったんですか？　経理部長以外に粉飾決算を指南している人はいたんですか？」

久保弁護士は考えながら、ゆっくりと話し始めた。

「社長は知らなかったって言っているけど、本当かどうかはまだわからないな。俺にも隠しごとをしているのかもしれないし。経理部長以外の関与者もまだわからない。ただ、経理部長が一人で粉飾決算だか決算調整だかをすべて考えつくかどうかは微妙だから、関与税理士とか他のコンサルティングとかが関わっているのかもしれない」

久保弁護士はいろいろと考えているようだ。

「でも、上場前にわかってまだ良かったですね。上場後に発覚だと、それこそ以前に話した（株）エフオーアイのようになってしまいますよ。ところで、先ほどから『粉飾決算だか決算調整だか』って言っていますけど、粉飾決算と決算調整は似ているようで全然違いますよ。

粉飾決算は犯罪だけど、決算調整は合法ですからね」
　宮田会計士は粉飾決算と決算調整の違いが気になるようだ。
「いや、俺も社長から聞いているだけだから正確な状況を理解していないんだ。経理部長は決算調整と言っているらしいけど、粉飾って言葉を使いにくくて決算調整と言っているだけかもしれない。宮田さんに相談したかったのは、まさにそこの話なんだよ」
　久保弁護士は身を乗り出した。
「で、C社の現在の正確な状況を把握したいんだ。宮田さん、お願いできる？」
「もちろん、OKです。久保さんの依頼ならお安い御用ですよ」
「サンキュー、助かるよ。それじゃあ、C社の社長も含めて打合せしないとな。あいている日を教えて」
　久保弁護士は宮田会計士の予定を聞くと、自分のブースへと戻っていった。

2.
○（決算調整）と
×（粉飾）の境目

　宮田会計士は久保弁護士とともにC社社長のX氏と会った。X氏は経理部長を信頼していないようで、経理部長は打合せには同席しなかった。

　宮田会計士が、決算書をすべて調査するにはデュー・デリジェンスと同様の作業が必要になってしまう旨を説明すると、X社長からはまず決算書で疑問な箇所をピックアップしてほしいとの依頼があった。

　宮田会計士は決算書の調査から始めることとし、必要な資料一式を事務所に持ち帰り、検討を始めることとした。

　打合せから数日後、宮田会計士は久保弁護士のブースへと行く。
　「久保さん、C社の件について少し相談したいんですけど、時間あります？」
　「お、もう分析終わったの？　さすが宮田センセイ」
　「いやいや、とりあえずの報告とご相談ですよ。今の状況を説明した上で、どのような方向で検討した方がいいか、先に相談しておこうと思って」
　宮田会計士は保守的だ。あまり突っ走ることはしない。融通が利かないと思われることもあるようだが。
　「で、どんな状況だったの？」
　久保弁護士は結論から聞きたがる。
　「決算書と会計データしか見ていませんから、結論というわけではありませんよ。ただ、今のところは粉飾決算というより、中小企業特

有の決算調整はいろいろとやっているようですね」
「また粉飾決算と決算調整の話か…。黒か白かの違いってことはわかるけど、一体何が違うの？　小学生にでもわかるように説明してくれない？」
「何？何？　粉飾決算について宮田さんが説明してくれるの？　私も聞いてイイ？」
　久保弁護士の隣のブースで仕事していた山崎弁護士が、衝立の奥から顔を出してきた。
「山崎センパイ、今は俺が宮田さんに仕事の相談しているんだよ。勉強の時間じゃないんだから、後にしてくれないっすか？」
　久保弁護士は少し怒ったような顔で山崎弁護士を睨んだ。宮田会計士は困り顔だ。
「久保さん、今日はＣ社の分析結果の説明だけど、最初はお勉強的な話から始めるつもりだから、山崎さんも一緒でもいいんじゃない？」
「それならしゃーねーなー…。まあ、この前Ｃ社の件は先輩にも聞いてもらっているし、宮田さんの説明によっては先輩にも頼むことになるかもしれないから、一緒に聞いてもらってもいいな」
　山崎弁護士と宮田会計士は、苦笑いだ。久保弁護士はいつも俺様口調である。
「久保君、ありがとう。宮田さん、というわけで一緒に聞かせてもらうよ」
「承知しました。それでは始めますね。どこまでお二人の期待に応えられるかわかりませんが」
「おいおい、俺はＣ社の相談しているんだから、期待に応えてくれないと困るんだよ」
　久保弁護士はイライラしている。
「そうですよね。失礼しました。

それでは、まず粉飾決算と決算調整の概要から整理した方がいいと思います。私は以下のとおり整理しています。個人的にまとめたものなので、一般的かどうかはわかりませんが、粉飾に対する理解の一助にはなるかと」
　宮田会計士は、紙を取り出した。

	利益増加 （収益 up　費用 down）	利益減少 （収益 down　費用 up）
会計（税務）処理 ○	決算調整	
会計（税務）処理 ×	粉飾決算	逆粉飾決算

「いろいろ聞きたいことがあるね。まず、粉飾決算と逆粉飾決算の違いは何？」
　山崎弁護士が早速質問してきた。
「この表のとおり、利益を増加させる処理を粉飾決算、利益（所得）を減少させる処理を逆粉飾決算といいます。一般的に粉飾決算といえば、利益を増加させる取引のことをいい、逆粉飾決算は脱税の問題として考えられています」
「脱税はわかりやすいね。利益減少すれば税金が減るのだから、キャッシュアウトが少なくなるという明らかなインセンティブがあるよね。だとしたら、粉飾決算を行うインセンティブは何なの？」
　山崎弁護士がさらに質問する。山崎弁護士は粉飾決算に興味があるようだ。
「粉飾決算は、上場企業であれば株価の維持、中小企業であれば銀行取引の継続が主な目的だと思います。上場企業の場合、株価が下がれば買収される可能性が増したり、経営者責任を追及されるリスクが高まります。また、資金調達にも支障がでることがあります。中小企

業の場合には、銀行取引を継続するにあたり、業績が悪いと融資の回収や担保、代表者の保証等を要求されるリスクが高まります。
　C社は上場を目指していたということなので、利益を増やす方向、すなわち通常の粉飾決算疑い、ということになると思います。利益が計上できなければ、上場は無理ですからね」
「要は、粉飾は資金調達目的や倒産回避目的、逆粉飾は脱税目的、ということだろ」
　久保弁護士は一言でまとめた。
「仰るとおりです」
　宮田会計士は、一言でまとめ切る久保弁護士に感心した。
「その次は、会計処理が○と×の違いです。これは説明するまでもなく、○は認められた処理、×は認められない処理です」
「会計税務処理が○だったら問題がないってことだから、あえてこの表に入れなくてもいいと思うけどな。むしろ、○と×の境目がどこなのかを聞きたいんだけど」
　山崎弁護士は紙と宮田会計士を交互に見ながら言った。
「会計処理は、○と×しかありませんよ。ただ、実務的に悩むところなのは、○と×の処理の間には△な会計処理が多数あるためです。C社は△な会計処理を行っている可能性が高いです。」
　宮田会計士は山崎弁護士と久保弁護士を交互に見ながら、話を続ける。
「どこの会社でも、期末が近づくと決算について考え始めます。例えば、上場企業はプレスリリースで開示している予測値と乖離しないように、借入金のコベナンツに抵触しないように、納税額が高くなりすぎないように等々、経理は様々なことを念頭に決算を組むことを考えます。このうち、会計基準や税務基準として認められている範囲内での処理であれば、通常の決算調整となり全く問題はありません」

「イメージが湧かないな。経理は決算数値をまとめる役割で、損益を調整できる役割ではないと思うけど。経理が損益を自由に作れてしまうの？」

山崎弁護士は首をかしげている。

「例えば、繰延税金資産とか貸倒引当金のような、見積りが入る項目はある程度損益を動かすことができます。この後説明しますが、まさにC社はこの典型例だと思います」

宮田会計士は一呼吸おいて続ける。

「ちなみに上場企業の優秀な経理マンは、社内の情報をくまなく把握しておき、損益を調整できる項目を幾つか手にしておいた上で何を決算数値に落とし込んでいくか、という作業をしていることも多いと思います」

「経理は単に決算数値をまとめているだけかと思っていたら、いろいろなことをやっているんだね」

山崎弁護士は納得顔だ。

「そうなんです。経理は、いろいろな情報を決算数値に落とし込んでいく段階で、会計処理が×とならないように考えていくことがとても重要なのです」

3.
△な会計処理とは?

　宮田会計士は、机においてある決算書を取りだした。

　「今の話を前提に、C社の決算書についての1つ目の論点です。前回も話した内容の繰り返しになりますが、○とも×とも言いきれない、△な処理についてです」

　「△な会計処理があることはさっきの説明でわかったけど、結局、会計処理は○と×しかないって言っていなかった？　宮田さんは、今の段階では○か×かの判断ができていないってこと？」

　山崎弁護士のツッコミはいつも厳しい。

　「今から説明しますけど、微妙なのです」

　宮田会計士は困った顔をしている。説明しにくそうだ。

(B/S)			
投資有価証券	371,921	280,517	240,182
子会社株式	0	0	103,200
繰延税金資産	0	0	70,182
その他	48,299	58,201	39,281
投資その他の資産合計	420,220	338,718	452,845
(P/L)			
法人税等	5,023	4,392	4,420
法人税等調整額	0	0	－70,182
当期純利益	12,197	11,659	79,754

　「まず最初に目を引くのが、繰延税金資産と法人税等調整額です。難しそうな内容ですが、繰延税金資産は前払い税金に近い性質の科目、法人税等調整額は当該前払い税金の見合いの科目である、という

理解でいいと思います。このような会計処理を行うことを税効果会計と言います」

「急に難しそうだな。会計理論を聞いてもよくわからないから、手短にな」

久保弁護士はC社の決算書を見ながら言った。

「はい、手短に話します。この税効果会計は、会計と税務のズレを調整する会計処理なので、ほとんどの中小企業は適用しません。なぜなら、前回も説明したとおり、中小企業は税務会計を適用していますから、会計と税務のズレは発生しないことが考えられるからです」

「それならなぜ、その税効果会計とやらを適用しているんだ？」

久保弁護士は宮田会計士の顔を見つめた。

「だから、△な会計処理なのです」

宮田会計士はゆっくりと答えた。

「C社は過去2期繰延税金資産計上額はゼロだったにもかかわらず、直近期は繰延税金資産が計上されていますよね」

宮田会計士は、繰延税金資産を指差した。

「C社が上場を前提として、上場企業で適用している税効果会計を適用したのであれば○です。でも、上場を前提としてではなく、利益を計上する目的で税効果会計を適用したのであれば問題です。

私が気になるのは、繰延税金資産を70,182千円計上した結果として当期純利益が79,754千円になっていますが、もし繰延税金資産を計上していなかったとしたら当期純利益は9,572千円に過ぎない、ということです」

「つまり、×の会計処理を行ったってことか？」

久保弁護士はC社の決算書から顔をあげ、宮田会計士を見た。

「いや、そこが判断しかねるので、△なのです。C社は上場を目指す方向だったけど、まだ監査法人の監査は受けていなかったんですよ

ね？」

　宮田会計士は久保弁護士を見ながら言った。

「そろそろ監査法人にお願いしようと思った矢先の出来事だったから、まだ監査は受けていないよ」

「監査を受けるために、これまで計上してこなかった繰延税金資産を計上したのかもしれないですし、利益を計上するために繰延税金資産を計上したのかもしれない。断定はできません。ただ、当期純利益の金額を見ると、繰延税金資産の金額がキレイすぎませんか？」

「キレイすぎるって感覚は、会計士だからだろ。私にはわからないな」

　山崎弁護士はもっともなことを言う。

「それはそうですね。私が言いたかったのは、繰延税金資産を計上していなければ当期純利益はトントンだったのに、繰延税金資産を計上したことで大幅に利益が上がったということです。それに、繰延税金資産は分配可能利益の計算に含まれますから、もし意図的に嵩上げされた利益を元に配当が行われたら、違法配当になる可能性があります」

「C社は配当はしていないから、その点は大丈夫だ」

　久保弁護士は安心したように言った。

「それなら良かった。ただ、なぜ繰延税金資産を計上したのか、ちゃんとヒアリングしないといけないですね」

　宮田会計士は久保弁護士を見ながら言った。

「つづいて、2点目の疑問です。これも前回少しだけ説明しましたが、もう少し詳しく説明しますね。これは、関連する科目間で、動きが逆になっているということです」

　宮田会計士はC社の決算書の一部を指差して、山崎弁護士と久保弁護士に見せた。

```
(B/S)
現金及び預金          1,039,220   1,040,281     682,011
売上債権              802,719   1,382,915   2,123,349
製品                  598,261     610,821     942,918
その他                109,721      99,301     190,292
貸倒引当金            - 39,102    - 38,102       - 992


(P/L)
貸倒引当金戻入益            0           0      37,110
```

> 売上債権が増加しているのに、貸倒引当金は減少。その結果貸倒引当金戻入益が発生

```
(B/S)
建物及び付属設備      528,102     520,917     702,810
機械装置及び運搬具  1,518,355   1,298,901   1,584,922
器具備品              680,211     672,891     705,886
土地                  602,910     602,910   1,029,421
建設仮勘定
  有形固定資産合計  3,329,578   3,095,619   4,023,039


(P/L)
減価償却費            268,103     258,104      80,271
```

> 固定資産が増えているのに減価償却費が減少

　「最初は、売上債権と貸倒引当金の関係です。貸倒引当金は売上債権等のうち将来回収できなくなる可能性のある金額を計上するので、一般的には売上債権が増加すれば貸倒引当金も増加するはずです。

　次は、固定資産と減価償却費の関係ですが、減価償却費は固定資産の取得原価を数期にわたって費用配分する会計処理なので、一般的には固定資産が増加すれば減価償却は増加するはずです。

　しかし、いずれも逆の動きをしています。これは明らかに不自然で

す。」

「つまり、本来なら費用は増えるはずなのに、逆に減らしているってことは、やっぱり利益を増やすような会計処理をしているということか」

久保弁護士は決算書をじっくりと見ている。

「そういうことです。先ほどの繰延税金資産も併せて、3つとも利益を増やす方向の会計処理を行っている、ということになりますね」

「やっぱり、粉飾決算ってことか…」

久保弁護士は残念そうだ。

「いや、このような会計処理が粉飾決算かどうかが微妙なので、今のところは△です。C社は監査を受けていたわけではないんですよね」

宮田会計士は監査の有無にこだわっている。監査法人出身のプライドだろうか。

「さっきも言っただろ。監査を受けようと思ってたけど、まだ受けていないよ。それが粉飾決算と何の関係があるんだ？」

久保弁護士は宮田会計士を睨みつけるように見た。

「前回もお話しましたが、上場企業と中小企業の会計基準の違いのお話です。」

宮田会計士は久保弁護士を諭すように、ゆっくりと話し始めた。

「監査を受けている会社であれば、会計基準、いわゆるJ-GAAPに従わなくてはならないことは前に説明したと思います。逆に言えば、監査を受けていない中小企業は税務会計の基準に従えばいいだけだと」

宮田会計士は、山崎弁護士と久保弁護士を交互に見ている。

「J-GAAPであれば適切に貸倒引当金や減価償却費を計算しなければならないことは言うまでもありません。もちろん、税務でも貸倒引当金や減価償却費の計上は行われます。しかし、税務会計の場合、貸

倒引当金や減価償却費を計上しなったとしても、お咎めを受ける可能性は著しく低いのです。なぜなら、貸倒引当金や減価償却費を計上しなければ費用が減り利益が増えます。その結果、法人税額は増加することになります。法人税額が増える処理である以上、仮に税務調査が入ったとしても指摘される可能性は低いです。繰延税金資産についても、申告調整していれば問題ありません」

「ということは、C社が税務会計の基準に従っているのであれば、粉飾決算とまでは言えない、ということかな」

山崎弁護士は不思議そうな顔で宮田会計士を見た。

「誤解を恐れずに言えば、そういうことです。厳密には税務でもちゃんと計上しなければならないはずですが、指摘される可能性が低い以上、貸倒引当金や減価償却費を意図的に少なくすることは決算調整の範囲内ともいえます。ただ、上場企業だったら明らかに×ですよ」

宮田会計士はテーブルのお茶に手をだした。

「要するに、上場企業なら×だけど、中小企業なら×とまでは言い切れないという意味で、△なんだな」

久保弁護士は自分を納得させるように頷いた。

「そういうことです。今、繰延税金資産、貸倒引当金、減価償却と3つだけ見ましたが、これだけでもC社の決算書にはある意図が見え隠れしてしまうという意味で、決算書の信頼性があまり高くない、と考えてしまいます」

「宮田さん、そういうことはハッキリ言えよ！ 利益を増やすために意図的な処理をしているって」

「それは会計士と弁護士の職業の違いですよ。会計士は断定するのが苦手なんです」

宮田会計士は、苦笑いしながら久保弁護士を見た。

4.
粉飾決算の内容

「で、ここまでは決算書を見ただけでわかる話です」
宮田会計士は話を進め始めた。
「この後は、決算書や会計帳簿を見ているだけではわからない話になります。×の会計処理、すなわち明らかに粉飾決算という場合です。
　粉飾決算を大きく分けると、次のようになると思います。個人的な理解ですが」
宮田会計士は、次の紙を渡した。

　　　　　⎧「ない」ものを「ある」ようにみせかける＝「架空取引」
　粉飾　⎨「ある」ものを「ない」ようにみせかける＝「取引の隠ぺい」
　　　　　⎩「ある」ものの解釈を変える＝「見積りの変更」

粉飾のタイプ	収益 up	費用 down
架空取引	○ ・循環取引 ・売上水増し	△ ・架空在庫の計上
取引の隠ぺい	×	○ ・損失隠し ・連結外し
見積りの変更	△ ・売上前倒し計上	○ ・繰延税金資産過大計上 ・貸倒引当金過少計上 ・減価償却費過少計上

(○△×は、粉飾の目的として行われる頻度)

「これはわかりやすいね。さっきの話は見積りの変更に該当するんだ」

「山崎さん、お褒めの言葉ありがとうございます。山崎さんに褒められることなんて滅多にないからビックリしちゃいます」
　宮田会計士は笑いながら言った。
「ところで、C社が粉飾決算をしているかどうかはまだわからないんだろ？　だったら、今からの話はまたお勉強ってことか？」
　久保弁護士は、今はC社のこと以外はあまり興味がないようだ。
「そうですね。今からは暫くお勉強の時間になります。お二人が興味がないようであればここで話を打ち切ってもいいですし、後日に続きでもいいですよ」
　宮田会計士は二人の顔を見ながら言った。
「私は今少し時間があるから、今のうちに聞いておきたいな。久保君は？」
「俺はあまり時間がないけど…。でもC社に関係するかもしれない事項なんだろ？」
「C社が粉飾決算しているかどうかは、まだわかりませんよ。でも、X社長が従業員にプレッシャーをかけていたことを考えると、可能性としてはあり得る、という程度ですかね」
「しゃーねーなー…。聞いておくか！　でも、手短にな」
　久保弁護士は体を伸ばしながら言った。
「それでは、お二人とも参加ということで」
　宮田会計士は笑いながら言った。

5.
架空取引とは?

「それでは、まず架空取引から説明します。これは多くの場合収益 up のため、すなわち売上を増加させるために用いられます。売ってもいないのに商品を売った、サービスを提供していないのにサービスを提供した、というケースですね。近年の例だと、先日も説明した（株）（株）エフオーアイという会社は売上高 118 億円のうち 100 億円以上が架空取引でした。結局、上場から 1 年以内に倒産というワースト記録をつくってしまいました」

「あらためてすごいな、売上高のほとんどが粉飾って。それで上場できたのが不思議だよ」

山崎弁護士はため息交じりに言った。

「（株）エフオーアイのケースは監査法人や証券会社のチェックを逃れるために海外の協力会社も使って大々的に行いましたが、中小企業の単純な粉飾決算であれば、売上伝票を 1 枚入れてしまうだけで終了、ということもあります」

「架空取引はそんなに単純にできてしまうのか…」

久保弁護士はあきれ顔だ。

「監査が入らない中小企業であれば大がかりな手口を使う必要はありませんから、架空の売上伝票を 1 枚起票するだけで粉飾できてしまいます。ただ、上場企業であれば（株）エフオーアイのように大がかりに行われると思います。

C 社が架空取引を行っていたかどうかはまだわかりませんが、長期間未回収となっている売掛金が残っていたら要注意ですね」

「なるほど、監査が入っていなければチェックする人がいないから、簡単に粉飾ができてしまうんだな」

「久保君、C社って監査役はいなかったの？　監査役監査では会計帳簿まで見ると思うけど」

山崎弁護士は久保弁護士に質問する。

「監査役はいるけど、監査役にそこまで期待しちゃいけないんじゃないの？　それはセンパイの方がよくわかっていると思うけど…」

久保弁護士は不満顔で山崎弁護士を見た。

「私はC社の監査役がどのような方か知りませんが、久保さんの言うとおり、監査役監査だけで粉飾を発見するというのは難しいでしょうね。監査役は会計の専門家ではないことも多いですし、中小企業であれば社長の知合いというケースが多いと思いますので」

宮田会計士は山崎弁護士の方を見ながら言った。宮田会計士は話を続ける。

「次に、架空取引のもう一つ、循環取引について説明します。循環取引はかなり大がかりになります。循環取引はご存じですよね？」

「途中に何社か介在していても、最終的には売手と買手が同じ、という取引だったよね」

「そうです。X社→Y社→Z社→・・・・→X社と売上を計上することで、結局はX社が買い戻してしまう、という取引です。これは、X社以外の会社が協力会社として介在することによって成立します」

「協力会社が何社も必要だと、中小企業では使いにくい手口だな。売上伝票1枚で架空取引できるなら、循環取引まで行う必要はないだろ」

久保弁護士は宮田会計士を見ながら言う。

「久保さんの言うとおり、ほとんど上場企業で行われる手口でしょうね。そういえば、C社は上場を目指していたんでしたっけ？」

宮田会計士は薄笑いで久保弁護士を見た。

「なんだよ、C社は循環取引している可能性があるってことか？」

99

久保弁護士は少し語気を強めた。
「いやいや、可能性はゼロとは言えませんが、そもそも粉飾決算しているかどうかもまだわかりませんからね。ただ、循環取引の場合は協力会社を見つける必要がありますから、経理部長の一存でできる話ではありません。もし、X社長指示の下で上場目指して組織ぐるみで粉飾していたのであれば、大規模な循環取引を行っている可能性もありますけどね」
宮田会計士の発言に、久保弁護士はホッとしたようだ。
「ところで、協力会社はどうやって見つけるの？ 子会社だとしたら、連結決算していたら意味ないだろうし」
山崎弁護士が疑問を口にする。
「それは私も知りませんよ〜」
宮田会計士は苦笑した。
「ただ、世の中にはコンサルティング業と称するブラックな会社もありますからね。協力会社は全体スキームを知らなくても、商品を横流ししていく段階で利益とか手数料が得られるのであれば、メリットがあります」
「怖い怖い!?」
久保弁護士は肩をすくめながら笑った。
「で、後一つ、在庫の架空計上も説明しておきます。在庫の架空計上は費用を減らすことになります」
「は？ 在庫の架空計上だと、在庫がたくさんあるように見せかけるということだろ？ 費用は増えているんじゃない？」
宮田会計士はニヤっと笑った。
「よくぞ聞いてくれました！ 実は私がセミナーをするときは、受講者に同じような質問をして手を挙げさせるのですが、半数の方が間違えてくれるのです」

「俺も引っかかったってことか！！　むかつく〜」
　久保弁護士は笑いながら宮田会計士を見た。
「それだけ間違いが多い箇所ってことですよ。
　在庫は売上原価の計算に影響しているのですが、その売上原価は次のように計算します」
　宮田会計士はホワイトボードに計算式を書いた。

　　　売上原価　＝　期首在庫　＋　当期仕入高（製造原価）－　期末在庫

「売上原価は、個別に計上するわけではなくて、差引計算するんだ」
　山崎弁護士は気付いたようだ。
「そういうことです。この計算式を見れば、期末在庫が増えれば売上原価が減ることがわかりますよね。架空在庫の計上は期末在庫が増えることとイコールですから、架空在庫の計上は売上原価すなわち費用を減らすことになるのです。これも、伝票1枚いれるだけで粉飾決算の完了です」
　宮田会計士は得意気に説明した。
「なるほどな。これも簡単にできる粉飾決算の手口だな。俺は騙されたけど」
　久保弁護士は宮田会計士を睨みながら言った。
「ちなみに、C社の棚卸資産と棚卸資産回転期間は次のとおりです。回転期間分析からは異常な兆候は見えませんが、在庫が急増していることは確かです」

	×1期	×2期	×3期
製品	598,261	610,821	942,918
仕掛品	391,931	310,281	502,811
原材料・貯蔵品	266,802	280,710	302,971

	×1期	×2期	×3期
売上高	6,027,193	6,629,173	9,082,618

棚卸資産回転期間　　　棚卸資産　÷　（売上高÷12）

＜C社分析結果＞

	×1期	×2期	×3期
製品	598,261	610,821	942,918
仕掛品	391,931	310,281	502,811
原材料・貯蔵品	266,802	280,710	302,971
棚卸資産合計	1,256,994	1,201,812	1,748,700
売上高	6,027,193	6,629,173	9,082,618
売上高÷12	502,266	552,431	756,885
棚卸資産回転期間	2.50	2.18	2.31

「了解！　一応、在庫も気にしておくよ」

久保弁護士は言った。

6.
取引の隠ぺい

「では、続いて取引の隠ぺいです」
 宮田会計士は次の内容に進める。
「取引の隠ぺいは、すでに発生してしまった取引を隠すのですから、損失を隠すことが中心です。投資の失敗や巨額な使い込み等がこれに当たります。最近だと大王製紙の件とか、オリンパスの有価証券投資の失敗が挙げられると思います。もっとも、オリンパスの有価証券投資の失敗は90年代末期に発生した事象であって、今は有価証券の時価評価が必須ですからオリンパスと同様の事件は起きにくいとは思いますが」
「損失を隠ぺいするための手口は？」
 山崎弁護士が質問する。
「一番単純なのは、子会社に損失を押し付けることですね。損失が発生した資産を子会社に高く購入させることで損失を押し付ける一方、当該子会社を連結から外してしまえば、損失は表面化しなくなります」
「だとしたら、子会社は連結する必要があるから、その手口では損失隠しにならないんじゃない？」
「さすが、山崎さん。するどいっ！」
 宮田会計士は舌を巻いた。
「ご指摘のとおり子会社は連結しなければなりませんし、会計基準も数回の変更を経て連結外しが難しくなるようになってきていますから、単純にこのスキームを使うのは難しいと思います。例えば、オリンパスであれば海外金融機関やM&Aスキームを使いながら、巧妙に損失を隠していました。興味があれば、オリンパスの調査報告書をア

ウトプットしたものがありますので、どうぞ」
　宮田会計士は山崎弁護士に調査報告書を提示した。

オリンパス調査報告書要約版（抜粋）　　　（2012年1月20日）

第3　本件事案の概要
1　金融商品の損失の分離の実行及び分離状態の維持
　1990年初頭、いわゆるバブル経済の破綻により、オリンパスは、当時保有していた金融資産に含み損を抱えることになったため、その含み損を挽回することを企図し、よりハイリスク・ハイリターンのデリバティブ等の金融商品を購入したものの目算が外れ、さらに含み損が拡大する結果となった。
　このような中、それまでの取得原価主義を改め時価評価主義を採用する金融商品の時価会計基準が2001年3月期より導入されることになり、オリンパスは、その保有する金融資産を時価評価することとなると、1998年頃には950億円程度に膨らんでいた巨額の含み損を評価損として計上しなければならなくなるという事態に直面した。
　オリンパスは、かかる事態を回避するため、財務部門に所属する従業員であるY及びMを中心に、外部コンサルタントからアドバイスを受けるなどして、1998年3月頃から、オリンパスの連結対象とならないファンドに対し、約1350億円もの実質的な資金を提供して、含み損を抱える金融商品をオリンパスから帳簿価額相当額で売却し、含み損を表面化させずに簿外に移管して分離するスキーム（以下、「損失分離スキーム」という）を画策し、これを実行した。含み損を抱える金融商品を取得させる受け皿ファンドへ資金を供給する方法としては、①オリンパスの預金等を担保に銀行から受け皿ファンド等に融資させる方法と、②オリンパスが事業投資ファンド等に出資し、それらのファンドから受け皿ファンドに資金を流す方法とが採られた。このような損失分離スキームは、遅くとも金融商品の時価会計基準が導入される2001年3月期の末日までの間に、当時の財務部門に所属するごく限られた従業員によって実行

され、それらの限られた従業員や財務部門を担当する取締役（以下、「関与取締役」という）らによってその後も維持された。当該損失分離の事実及び含み損の状況については、歴代の経営トップ等並びに当時の監査役であったOを含む一部の役員に対してのみ定期的に報告され、他の取締役や監査役には報告されなかった。また、当該損失分離スキームは、海外の多数のファンドを利用して行われるなど、仕組みが極めて複雑なものであるばかりでなく、関与取締役により社外の協力者との間で意を通じた巧妙な隠蔽工作などが行われたこともあり、関与取締役らにより故意に隠されたいわば密閉されたスキームとして、その後10年以上もの長期間にわたり、財務部門以外の取締役、監査役（Oを除く）や従業員はもちろん、会計監査人にも認識されるところとはならなかった。

2　金融資産の分離の解消に向けた行為

関与取締役は、損失分離スキームによりオリンパスから分離された損失について、いずれ解消しなければならないと考えており、その方法として、企業買収案件において他社の株式等を取得する際に、損失分離スキームにおいて分離した損失分を当該資産の価値に上乗せし、あるいは買収に伴ってFAに多額の報酬を支払うことにより、その上乗せ分や報酬額を「のれん」等の資産に計上し、その後、会計上の償却期間にわたって段階的に償却して費用計上する方法（以下、「損失分離解消スキーム」という）により、分離に係る損失を解消しようと考えた。その実行として行われたのが、アルティス、NEWS CHEF及びヒューマラボの本件国内3社の株式の買取りとジャイラスの買収に伴いFA報酬として支払った同社のワラント購入権及び優先株の買取り（以下、これらの行為を総称して「損失分離解消行為」という）であった。

本件国内3社の株式の買取りの一部（約720億円）とジャイラスの買収に係るFA報酬として支払われたワラント購入権及び優先株の買取り（約620億円）は、いずれも取締役会決議を経て行われており、関与取締役以外の取締役会に出席した他の取締役や監査役において、前記の損失分離スキームの事実を知る契機となり得るものであったが、いずれの

機会においても、他の取締役は、本件国内3社の株式の買取りやジャイラスの買収に係るFA報酬の支払の裏の目的に気付くことなく、関与取締役の説明を受けてこれを承認し、監査役は特段の異議を述べなかった。とりわけ、2008年12月から2009年6月頃にかけて、会計監査人から監査役に対して、本件国内3社の株式取得代金やジャイラスの買収に伴うFA報酬が高すぎること、それらの取引に関しては経済合理性から判断して善管注意義務違反のおそれがある旨の異例の指摘がなされたにもかかわらず、監査役らはそれを深刻な事態とは受け止めず、その後2010年3月に、ジャイラスの買収に係るFA報酬として付与された優先株を620百万ドルもの巨額にて購入することを承認する旨の取締役会決議が行われ、監査役は特段の異議も述べなかった。その結果、関与取締役らは、これらの合計約1350億円を簿外のファンドを経由してオリンパスに還流させることにより、簿外の損失を解消させることに成功した。

　そのため、損失が分離されてから解消されるまで、損失分離スキームの構築及び維持のための金利や手数料が発生するとともに、主として損失分離の解消にあたってファンドの運営に関与していた協力者等に対する報酬等が支払われた結果、オリンパスに回収できない多額の損害（約280億円）が発生するとともに、計算書類が正しく作成されなかったことにより、分配可能額を超えた剰余金の配当及び自己株式の取得がなされることとなった。

「調査報告書か。今は時間ないけど、個人的には調査内容も含めて興味があるから、時間があるときに読んでみるよ」
「山崎先輩、そんな時間あるの？　いつもあれだけ忙しそうなのに」
　久保弁護士はいつも一言余計だ。さらに続けて、宮田会計士の方を見ながら言った。
「ところで、C社で損失隠しを行っている兆候はあった？」
「決算書から損失隠しの兆候を見つけるのは難しいのですが、C社の場合は損失隠しの可能性は低いと思います。X社長がイケイケドン

ドンで過度のプレッシャーを与えてきたのであれば、売上を伸ばす方向のプレッシャーが強いと思いますので。ただ、可能性はゼロではないので意識しておく必要はあります」
「確かにそうだな」

7.
見積りの変更

「では、さらに話を続けます。最後は見積りの変更です。先ほど話した繰延税金資産とか貸倒引当金のお話です」
「同じ話なら、二度説明はいらないよ」
久保弁護士は先を急ぎたいようだ。
「同じ科目なのですが、先ほどは上場企業と中小企業の会計基準の違いの話でした。今度はJ-GAAPの枠内での話、つまり計上する金額を幾らにするのかという意味で、見積りの変更ということになります。」
「何言っているんだかわからねーよ。小学生にでもわかるように！」
久保弁護士はイライラしてきた。
「失礼しました。それでは、もう少し噛み砕いて説明しますね。
　会計には、将来の事象を予測して計上する会計処理というのがあります。例えば、繰延税金資産であれば、将来の法人税がどれだけ削減効果があるかどうかを見積るような会計処理です。貸倒引当金であれば、債権金額のうち将来回収できなくなるであろう金額を見積り計上する会計処理です。見積りの変更とは、このように将来予測についての考え方を変えるということです」
「要するに、将来予測を変えることで恣意的な金額を計上するということだね」
山崎弁護士も一言でまとめる能力が抜群だ。
「そういうことです」
「でも、将来予測なんて誰にもわからないのだから、むしろ何をもって×と判断しているのかが疑問だけどな～」
山崎弁護士の発言に、宮田会計士は一瞬絶句した。

「また山崎さんはするどいことを…。でもご指摘のとおりで、見積りの変更の可否は監査法人間でも意見が分かれるところです。例えば、A監査法人では×としていても、B監査法人では○と判定してくれる可能性もあります。見積りに対する厳しさが、監査法人選択の一つにもなっていると思います」

「なるほどね。厳しい監査法人とゆるい監査法人があるというのは、そういうことなんだ。」

山崎弁護士は納得顔だ。

「見積りである以上、判定が分かれてしまうのは仕方ないですが、すべての監査法人や会計士が最後の一線は守っていると私は信じていますよ」

「ほんと～？」

山崎弁護士は笑いながら宮田会計士を見た。

「ところで、C社はこれは関係なさそうだな。そもそも、上場企業と同じ基準を使っているわけではなさそうだし」

久保弁護士はC社を念頭に聞いていたようだ。

「C社の繰延税金資産や貸倒引当金の話を、会計基準の違いに入れるのか見積りの変更に入れるのかは微妙ですが、今までの私の説明の流れで会計基準の違いに含めるのであれば、そういうことになりますね」

「宮田さんは相変わらずくどいな。俺らはそこまで厳密に区分しているわけじゃないんだから、そこはYesの一言でイイんじゃないか？」

「それじゃあ、Yes！」

宮田会計士は苦笑いした。

「あと一つ、見積りの変更で説明しておきたい事項が、売上の前倒し計上です。これは、C社が行っている可能性が否定できない取引だ

と思います」
　久保弁護士は、宮田会計士の言葉を聞いて顔が真剣になり、身を乗り出した。
「売上の前倒し計上は、一言でいえば期ズレです。翌期以降に計上すべき売上を、当期に前倒しして計上する会計処理で、これも粉飾決算の一つです。」
「なんだ、単なる期ズレか。それだったら当期の売上が増えた分だけ翌期の売上が減るんだから、大した影響じゃねーな」
　久保弁護士は期待外れの顔をしている。
「確かにそうなのですが、期ズレの応用バージョンだと少し厄介です。応用バージョンというのは、売上の計上基準そのものを変更してしまうことです」
「売上計上基準の変更？　それが期ズレとどう関係するの？」
　山崎弁護士は不思議そうな顔をした。
「会計では、売上計上するタイミングは商品の引渡し時とか倉庫からの出庫時等で決められています。会計では契約を締結しただけでは売上計上はできません。
　例えば、従来は倉庫から出庫した段階で売上していたものを、見積書到着時点とか、契約書締結時点としてしまったら、売上は常に前倒しで計上できてしまうことになります」
「なるほど…。それなら売上は嵩上げされることになるな。でも、見積りだけとって実際には取引に結び付かなかったら、それは売上の取消しになるんじゃないの？」
　山崎弁護士は宮田会計士を見つめながら言った。
「確かにそうなのですが、例えば、営業マンが『まだ見積りは生きているから取消しはもう少し待って！』と言ってきたら、経理は売上を計上したままにしておくかもしれませんよね。それに、以前説明し

たとおり貸倒引当金の計上額を恣意的に変えてしまえば、貸倒引当金にも反映されないことになります」
　「…確かに、架空取引と違って、売上計上基準の変更だと粉飾決算の意識は低いままに売上を増やすことができるな。宮田さんがＣ社で行っているかもと言ったのも理解できるよ」
　久保弁護士は真面目な顔で言った。
　「久保さん、私は可能性が否定できないって言っただけですよ。Ｃ社が売上計上基準を変更しているなんて言っていませんからね！　それはもう少し調べないとわかりません」
　「相変わらずくどい！　内輪の話なんだから、ドッチでもいいだろ！！」
　久保弁護士はあきれ顔で宮田会計士を見た。

8.
粉飾決算は
見抜けるか?

「で、今まで粉飾の類型について聞いてきたけど、宮田さん的にはC社は白？　黒？　グレー？」

久保弁護士は笑いながら宮田会計士を見た。

「いや、今まで説明したきたとおり、決算書のレビューだけでは結論は出せないですよ。ただ、今までの説明とX社長からお聞きした事項を重ね合わせれば、ちゃんと調査に入った方がいい気はしています。特に売上については慎重に調べた方がいいですね」

「なるほど。宮田さん、サンキュ！」

「宮田さん、C社とは直接関係ないんだけど…」

山崎弁護士が口を挟む。

「C社の決算書の信頼性は多分グレーってことだと理解したけど、説明の中で出てきた（株）エフオーアイは宮田さんなら決算書から粉飾を見抜くことはできた？　こちらは粉飾をやってたことが明らかになっているんだから、決算書にその兆候は表れていたんでしょ？」

山崎弁護士の質問に、宮田会計士は考え込んでしまった。

「う〜ん…。今は粉飾であることをわかってから決算書を見ているので、その点を意識しているからわかるでしょうけど、確実に粉飾だと言い切るのは難しいでしょうね。監査法人の監査証明がついていることもその要因です。ただ、フラットな目で見た場合、粉飾かどうかはわからないけど、この会社は何かおかしいな、とは思ったでしょうね」

「それそれ！　それを聞きたいな」

山崎弁護士は笑いながら言った。
「いやいや、以前に話したことの繰返しになってしまうだけですよ」
宮田会計士は再び（株）エフオーアイの決算書を手に取った。
「この決算書を見てください。売上の大半が架空売上ということは、その分の資金回収ができないわけですから、売上債権回転期間分析を行えばすぐにわかります（第1章9．参照）。回転期間は28ヶ月、つまり、2年以上の売上に相当する売上債権が残っているということです。仮に大規模なプロジェクトであったとしても、途中で入金が行われるはずですから、異常性が際立っていると思います。

$$\frac{（株）エフオーアイ}{売上債権回転期間} = \frac{平成21年12月末売掛金残高 26,621,076千円}{平成21年4月〜12月売上高 8,563,162千円 \div 9ヶ月} = 27.97ヶ月$$

また、黒字決算にもかかわらず営業キャッシュ・フローが赤字であるのも疑問です。これこそ、『勘定合って銭足らず』の典型的なパターンではないでしょうか」
「そんなにすぐにわかるなら、監査法人はなぜ見抜けなかった？監査の意味がないじゃん？」
久保弁護士は（株）エフオーアイの決算書から顔を上げた。
「私は当事者ではないからなぜ見抜けなかったかわかりませんが、イチ会計士としてはお恥ずかしい事例だと思います。というより、上場企業の粉飾決算の話をするときは、会計士としてはやはり恥ずかしい気持ちになります。失敗事例ですからね。ただ、失敗を直視しないといけないとは思います」
宮田会計士は真面目な顔で話し始めた。
「会社が粉飾決算について徹底的に隠ぺい工作した場合、監査法人が見抜くのは至難の業です。例えば、監査法人は売上債権については『確認状』を経理部宛に発送し、先方から直接回答を得ることで残高

が正しいという心証を得ています。（株）エフオーアイの場合、売上債権の計上先が韓国や台湾だったのですが、（株）エフオーアイの担当者が指示した部署（協力者）に確認状を発送したり、送付部署とは異なる部署から返送されてきたにもかかわらず、監査法人は再調査をしなかったようです。当然、当該売上債権計上先の韓国や台湾にも協力者がいたことになります。在庫についても実際に海外に発送していたようなので、国内の倉庫に在庫が山積みだったということもなかったようです。

　もし当時、私が監査していたら、売上債権が積み上がっていくことに疑問を感じながらも、確認状も入手しているから責任は果たしている、と判断するかもしれません。裁判では確認状に不備があったということですが（発送部署の押印ではなかった）、私は韓国語や中国語は全くわかりませんので、疑問に思ったとしても韓国や台湾に電話して確認するということまで行ったかどうかわかりません。

　今ならこのような事件を知っていますので、疑問があれば個人的に通訳を頼んででも確認するか、そもそも海外売上が多い会社を個人で引き受けることは困難だとして監査受託を断ることになると思います」

「う〜ん。会計士も責任重大なんだね」

　山崎弁護士はため息をついた。

「粉飾決算は、現場で監査していてもその証拠をつかむことは非常に難しいと思います。会計士も監査を強化してきていますが、会社は粉飾決算の隠ぺい工作もしてきますので。いたちごっこの感は否めません」

　宮田会計士もため息をついたあと、さらに続けた。

「あと、会計士としては言いにくいことですが、もう1点だけ留意事項です」

「なに？」

宮田会計士は言いにくそうだ。

「見積りのところでも少し触れましたが、監査法人の変更が頻繁に行われる会社は要注意です。もちろん、監査法人の選択は企業側の意思で行われることであり、変更自体は何も悪くありません。ただ、決算遅延とか決算修正が行われた後の監査法人の変更とか、数年に1回は監査法人が変更になる場合、監査法人と見解の相違があったことが推測されます。また、監査法人に対する報酬は上場維持費用として必須ですが、上場維持費用を削減したいと考えている場合には報酬の安い監査法人へと移行することがあります。監査法人も今は過当競争で、一部では値下げが行われていますからね」

「おいおい宮田センセイ、自己否定ですか？」

久保弁護士は苦笑いだ。

「自己否定ではないですよ。上場企業の大半はキチンとした決算を行っているし、監査法人も適正に監査をしています。ただ、近年は残念ながら金融庁や公認会計士協会から懲戒を受ける監査法人が増えている、ということを知っていただきたいということです。これ以上はお察しください」

「会計士業界も厳しいんだ」

山崎弁護士が言った。

「だから、私にもっと優しくしてください、山崎センセイ、久保センセイ!?」

「俺ら、優しい弁護士でとおっているんだけどな！　ね、山崎センパイ?!」

山崎弁護士は笑って答えなかった。

9.
粉飾決算と
法的責任

「あと、粉飾決算と損害賠償についてです。これは逆に、お二人に教えてほしいのですが…」

宮田会計士は山崎弁護士と久保弁護士を交互に見た。宮田会計士は続ける。

「上場企業の場合、粉飾決算を理由として当時の役員や監査法人に損害賠償を請求するケースがありますが、実際には裁判までいくのはごくわずかです。最近だとライブドアとかカネボウが有名ですが、例えば、株主が損害賠償請求をしたとしても、そのときは会社が破綻していますし、役員に請求したとしても個人から取れる金額はたかが知れているので、裁判費用を考えたらあまり意味がないことになってしまいます。

そこで山崎さん久保さんにお聞きしたいのですが、上場企業の粉飾決算は金融商品取引法違反に該当しますが、中小企業の粉飾決算の場合、法律的にはどこに抵触するのですか？ 法人税法は逆粉飾の世界なので、これは別にしてくださいね」

「あまり考えたことなかったけど、最初に思いつくのは配当だね。分配可能利益がないのに配当していたら、違法配当になるだろ。会社法に抵触するんじゃないかな」

山崎弁護士は考えながら話した。

「なるほど。とすると、株主は配当を受けている側ですから、損害賠償請求する立場ではないですね。金融機関が粉飾決算した決算書を見て融資実行した場合、何らかの損害賠償請求はできますか？」

「これも微妙だね。金融機関が決算書のデータだけで融資の可否を決めているのであれば因果関係が明確だけど、普通は決算書以外のデータも見て融資の可否を決めていると思うんだよね。そうすると、粉飾決算によってどれだけの損害を受けたのか、立証が難しいんじゃないかな」

久保弁護士も続ける。

「それもそうだし、そもそも粉飾決算が発覚した段階でその会社はカネはないだろうから、結局は訴訟費用倒れになるだけだよ。経済的合理性がないことはしないだろ」

宮田会計士は頷きながら聞いていた。

「やっぱりそうなんですね。中小企業の粉飾決算を理由に、損害賠償請求が提訴されたという事例を見たことがなかったので、疑問だったんです」

「俺も調べて話しているわけじゃないから確証は持てないけどな。役員が横領して、会社が役員に請求するのとはわけが違うだろ」

「そうですよね。粉飾決算をしなければならない時点で金銭的には苦しくなっているはずですから、会社に対して損害賠償請求したところで取れるモノがないってことですね。納得しました」

宮田会計士は大きく頷いた後、さらに続けた。

「今、久保さんが役員の横領についてチラっと言っていましたが、横領の事実を適切に会計処理していれば粉飾決算には当たりません。まあ、適切な会計処理といっても雑損とか特別損失で処理するくらいしか思い浮かびませんが」

「じゃあ、横領を適切に会計処理していれば、会計的には全く問題ないってこと？」

山崎弁護士は不思議そうだ。

「監査が入っている会社であれば、そもそも横領が発生してしまう

ような会社ということが内部統制上の問題点に当たると思います。ただ、実際に横領が発生してしまったら、その状況に見合った会計処理を行う必要があるという点において、横領＝粉飾決算ではない、ということです」
「なるほど。横領という事実を会計処理していれば、内部統制上の問題点としては見過ごせないけれども、粉飾決算には当たらない、ということだね」
山崎弁護士の発言に、宮田会計士は頷いた。
「そういうことです」
宮田会計士は続ける。
「あと、先ほど説明した循環取引についてお二人に聞きたいんですけど」
宮田会計士はさらに質問事項があるようだ。
「循環取引は最初の売主と最後の買主が同一というだけで、その間に複数の会社が関わっていますよね。この場合、ひとつひとつの取引は法的には成立しているような気がするのですが、法的な問題点はどこにあるのですか？」
「チョット待ってて。今調べるから」
山崎弁護士は、自分の席に戻り判例集を持ってきた。
「あ、これが判例だな。判例だと、循環取引はその当事者がスキームを知っていたり、知らなくても金融取引にすぎないと認識していれば錯誤は認められないみたい。一方で取引の実態を知らなければ、錯誤無効を主張できるようだね」
久保弁護士が隣から判例集を覗き込んでいる。宮田会計士は頷きながら答えた。
「なるほどね〜。違法行為と粉飾決算の関係は、奥が深そうですね。今度、機会があれば粉飾決算について法的な側面と会計的な側面の両

方から検討しても面白そうですね」
「お、それ面白いね！　ただ、C社が片付いてからな」
久保弁護士はC社の決算書を持って立ち上がろうとした。

第2章　決算書の信頼性と粉飾決算

9.　粉飾決算と法的責任

10.
税務当局/税理士は粉飾決算を指摘する?

「あれ、宮田さん。逆粉飾についての説明は?」
 山崎弁護士が、最初に宮田会計士から渡された紙を見ながら言った。
「あ、忘れていました。でも、宴もたけなわなので、簡単にしておきますね。それと、これは個人的見解ですので、ここだけの話としてほしいのですが…」
「オッケー。気にせずに話しなよ!」
 久保弁護士は宮田会計士の肩をたたきながら言った。
「いわゆる粉飾決算は、利益を増加させる方向です。上場企業で粉飾決算が発覚すると大問題になるのは言うまでもありません。一方、中小企業で粉飾決算が行われた場合、当該企業が破綻する前に粉飾決算が発覚する可能性は低いです」
「それは、監査法人が決算書をチェックしていないから、ということ? でも、どこの中小企業でも税理士の先生がついているし、数年に一度は税務調査にも入るだろ?」
 久保弁護士の質問に、宮田会計士は頷く。
「まさに、お話したかったのはその部分です。税務調査は、適切な納税のためには必要な制度ですが、基本的には脱税がないかどうかの調査になります。脱税とは逆粉飾決算ですから、利益を減らす会計処理のことですよね。ところが、いわゆる粉飾決算は利益を増やす方向です。利益が増えれば法人税は増えていくことになります」
「それはそうだね」
 山崎弁護士が相槌をうつ。

「とすれば、いわゆる粉飾決算をしている会社に税務調査が入り、税務当局が当該粉飾決算を見つけた場合、税務当局は粉飾決算について会社に指摘するでしょうか」
「理論的には指摘するだろうね。適正な納税ではないのだから。でも…」
山崎弁護士が間をおいた一瞬に、宮田会計士が話し始める。
「ご指摘とおり、理論的には指摘してしかるべきです。ところが、指摘してしまったら納税額が減り、税金の還付が発生することになります。税務調査は脱税を防ぐことが主目的のはずなのに、逆の結論になってしまいます。したがって…」
今度は、久保弁護士が宮田会計士の間に入ってきた。
「そうか、税務調査では粉飾決算は指摘されないんだ！」
「いや、指摘されないとまでは言いません。ただ、指摘される可能性は、逆粉飾にくらべれば圧倒的に少ない、ということが言いたかったんです」
「あい変わらず、歯切れが悪いな〜。でも、それだと税理士は粉飾決算を指摘しないともいえるんじゃないか？ 税務調査が粉飾決算を指摘しないのであれば、税理士だって粉飾決算を指摘する必要はないだろ？」
久保弁護士の鋭い発言に、宮田会計士は困った様子だ。
「あくまでも、これは個人的な感想として聞いてくださいね」
宮田会計士は困った様子で話し始めた。
「会計士が企業と接する多くの場合は、会計監査人と企業という立場です。会計監査の社会的役割からも、企業とは一定の距離をおいています。
一方税理士は、中小企業の味方です。CMで「税理士の先生が親身になって…」とか、女性社長っぽい人が「税理士の先生は私のオニイ

チャンみたい」なんて言わせているものがあるますが、それくらい税理士は会社に密着しています。これは中小企業の発展のためには必要なことだと思っています。ただ、会社と税理士が密着しすぎると、税理士は『会社のため』に自らの役割を超えてしまうことも考えられます。例えば、銀行融資を受けるためにはどうしても黒字決算にしなければならないのに、どう考えても赤字にしかならない。銀行融資を受けられなければ会社が潰れてしまう。税理士の先生、何とか助けてください。と依頼されてしまったら、どうしますか？　ということです」

宮田会計士は一息で話した。山崎弁護士が答える。

「税理士の社会的役割から考えれば、何ともしようがないよね。本心では助けてあげたいけど…」

久保弁護士が続ける。

「俺は何とかして助けようと考えるな。もちろん、できることとできないことがあるけど」

宮田会計士は二人を見ながら話を続けた。

「山崎さんの意見も久保さんの意見も、どちらも理解できます。自分が助けてあげられるなら助けてあげたい。でも税理士の社会的役割もある。しかも、顧客が困っているのに見捨てるようなこともできない、と悩みに悩むと思います。そうなったとき、先ほど説明した△の会計処理を駆使して税理士が決算数値を作ってしまうことだって考えられますし、税務署は粉飾決算の指摘をする可能性が低いことを見越して×の会計処理に手を染めてしまうことも考えられます。税理士も人ですからね。それに、中小企業では逆粉飾、すなわち脱税は指摘されるとしても、粉飾決算が発覚しにくいことについては、税理士であれば誰でも認識しています」

「う〜ん。難しい…」

山崎弁護士は腕を組んだ。

「誤解がないように言いますが、税理士の大部分は適切に申告していますし、大部分の企業は適切に申告しています。今は粉飾決算や逆粉飾決算について話しているのでこんな話になってしまいますが、業績が悪化してきた場合には注意する必要がある、ということをお話したかったのです」

「それで、宮田さんはドッチなの？ 社会的責任を全うする？ 会社のために頑張る？」

山崎弁護士はニヤっと笑いながら聞いてきた。

「私ですか？ 私はお客様のことを第一に考えながら、会計士・税理士としての社会的役割を十分に果たしているつもりですよ」

「宮田さん、キレイにまとめすぎ」

山崎弁護士と久保弁護士は笑った。

第3章

株価算定

0.
A社Z社長と
山崎弁護士の会話

　特許が製品化に結び付きそうなA社。銀行は特許の製品化への期待を含め新規融資を実行したが、特許技術に関連した設備投資を経て、現実に製品化するまでには相応の時間がかかることが見込まれる。

　一方、製品化するまでは従来どおりの業務を続けなければならないが、従来事業の業績は相変わらず低迷している。新製品が完成しても従来事業が足を引っ張る可能性がある。

　A社のZ社長は、山崎弁護士と今後の対応について相談している。
「山崎先生、ウチの会社の今後についてご相談したいのですが」
　Z社長は深刻な顔で山崎弁護士を見つめる。
「ご承知のとおり、ウチの会社は赤字が続いていて、かなり業績は厳しいものがありました。ただ、社員は皆よくやってくれていて、私も社員を守るために精一杯頑張ってきました」
「Z社長の頑張りは、みんなわかっていると思いますよ。もちろん、私もZ社長がどれだけ頑張ってきたか、よくわかっています」
　Z社長は目に涙を浮かべながら頷いている。
「特許も取れ、銀行からの融資も得られて、やっと未来についての明るい展望も開けてきましたが、それでも不況には勝てません。原材料費や電力代のアップ…。コスト削減にも限界がありま

す」
「でも、Z社長の努力が実って、やっと特許も取れて銀行融資も得られたところじゃないですか。これからですよ」
山崎弁護士はZ社長の顔を見ながら、慰めるように言った。
「先生、ありがとうございます。私もいろいろと考えたのですが、このままだと従業員の給与もさらに削減せざるを得ないと思います。でも、私はこれまで一緒に頑張ってくれた従業員を守りたいのです。そのためには、私は従業員の雇用を守ってくれることを前提に、事業譲渡か会社を売却することも考えています。実は、融資をしてくれた△△銀行から、我が社に興味を持ってくれている先があると持ちかけられたのです」
「銀行が…。そうですか」
山崎弁護士は驚いた様子だ。
「特許を取ったとはいえ、製品化までにはもう少し時間がかかりますから、それまでは従来事業を継続していかなくてはなりません。その間、社員を守らなくてはならないし、私自身も妻子を養わないといけません。社員の雇用や妻子を守れるのであれば、今は体面にこだわっている状況ではないだろうとも思っています」
Z社長は少しだけ笑った。話を続ける。
「我が社の株式は、私が全株保有しています。株をどこかに買ってもらうか、事業譲渡した後清算するかはわかりません。細かい手続きについては山崎先生のご指導を仰ぎたいのですが、その前にウチの会社がどれくらいの金額で売却できるか、ざっくりと知っておきたいのです。特許関連で融資を受ける前の段階で3億円を超える借入がありましたので、株の売却によってどれだけ返せるのか、事前に知っておきたいのです。それに、一応私にも

これまで会社を守ってきたプライドもあるので、あまり安い金額では話に乗りたくない、というのも本音です」
「Z社長、承知しました。私の事務所に会計士の先生がいますから、聞いてみますよ。良い結果がでるといいですね」
山崎弁護士は、A社を何とか助けてあげたいと心から願っていた。

1.
株価算定の必要性

「宮田さん、チョット時間ある？」

山崎弁護士は、宮田会計士のブースを訪れた。

「はいはい、なんですか。山崎さんが相談に来るって珍しいですね」

宮田会計士はPCから顔を上げ、山崎弁護士を見た。PCにはグーグルの検索画面が映っている。

「また宮田さんは遊んでいるのか。宮田さんは余裕があっていいな〜。羨ましいよ」

PC画面を見た山崎弁護士は宮田会計士をからかう。

「遊んでなんかいませんよ。わからないことを調べていただけです」

「ふ〜ん。まあ、いいや。ところでこの前のA社なんだけど、覚えている？」

「覚えていますよ。確か、業績は悪かったけど、特許を取得できて技術化にめどが立ったのか、銀行融資を受けられたんですよね」

「そうそう。さすが宮田さん」

山崎弁護士は宮田会計士に対して微妙な褒め言葉が多い。

「A社の特許、銀行の見立てどおりなかなか技術力があるみたいで、時間をかければ製品化までこぎつけそうなんだよ。そうしたら今回、銀行からA社に興味を持っているところがあるって話がきたんだ」

「なるほど。それは条件次第ではA社にとっても良い話ですね。デューデリジェンスの段階で技術力だけ盗まれてディール不成立では目も当てられませんけど…」

宮田会計士は山崎弁護士を見ながら言った。

「確かに。そうならないように気を付けるよ。なにせA社の社長は人が良いから、資料を何でも出しちゃうかもしれないし」

「で、スキームとかスケジュールは決まっているんですか？」
山崎弁護士はＡ社の決算書を取り出しながら言った。
「いや、まだそこまでカッチリとした話にはなっていないんだ。ただ、Ａ社の社長も買いたたかれたくはないみたいで、事前にどれくらいの価格なのかは知っておきたいみたいなんだよね。私も交渉を有利に進める材料として、Ａ社の企業価値がどれくらいか知っておきたいし。それで、今の段階でＡ社の企業価値はどれくらいなのか知っておきたくて…。宮田さん、株価算定をお願いできる？」
宮田会計士は頷きながら答えた。
「もちろんＯＫですよ。山崎さんの依頼を断れるわけがないじゃないですか」
宮田会計士は笑いがら続ける。
「ということは、正式な株価算定書ではなく、ざっくりベースの方がいいということになりますかね。まだ具体的なスキームが決まっていないなら、正式な算定書をお出ししても意味がないと思います」
「その方がいいね。正式な依頼はディールが動き始めてからまたお願いすると思うけど、今の段階ではざっくりで構わないよ。その分、報酬はお安くお願いします」
山崎弁護士は笑いながら宮田会計士の肩を叩いた。
「承知しました。ざっくりなので、お安くしておきますね」
宮田会計士は笑いながら続けた。
「ところで、この前は決算書を見せてもらいましたけど、当該特許の概要がわかる資料と、その特許を使ってどのようなビジネスを展開するのか、それでどのくらいの収益があがりそうとか、といった資料はありますか？」
「確か、銀行に提出した資料の中に、特許の概要と将来計画について簡単に書いてあった気がするな。そのくらいしかないと思うけど、

とりあえずはそれでいい?」
　「とりあえず拝見させてください。見てからでないと何とも言えないので」
　「了解！　早速聞いてみると。後は必要な資料はある?」
　「あとは…」
　宮田会計士が山崎弁護士に必要資料を伝えると、山崎弁護士は自分のブースへと戻って行った。

2.
売手と買手の価格差が
生じるのは?

　後日、山崎弁護士は宮田会計士から依頼された資料を持って、宮田会計士のブースへと行った。
「宮田さん、これ、この前言われたA社の資料。あれ、久保くん、どうしたの？」
　宮田会計士のブースに、久保弁護士がいた。
「今、チョットお願いしている事項があったから来ていたんだ。山崎先輩こそ、宮田さんにお願いごと？」
　宮田会計士は二人の顔を交互に見ながら笑った。
「お二人の優秀な弁護士に信頼されて、嬉しいですね〜。で、山崎さん、資料ありがとうございます。後で拝見しますね」
　宮田会計士は山崎弁護士から資料を受け取ると、久保弁護士との会話を続けようとした。すると、久保弁護士が山崎弁護士が持ってきた資料を横目で見た。
「あれ？　これって前の決算書の読み方のときに使ったA社じゃん。先輩、何かあったんスか？」
　久保弁護士は山崎弁護士を見ながら言った。
「久保君、目ざといね。A社の簡易的な株価算定を宮田さんにしてもらおうと思ってるんだよ」
「へー。そうなんだ」
　久保弁護士は、宮田会計士を向き、続ける。
「宮田さん、簡易的な株価算定ってそんなに簡単にできるもの？　確かA社って特許を取得して銀行融資を受けたところだと思うけ

ど、特許の評価なんてすごく難しそうじゃん」
　宮田会計士は苦笑いしながら答えた。
「特許そのものをダイレクトに評価するとしたら、私レベルでは到底無理ですよ〜。私ができるのは、会社から提出された資料を基に会社全体の株価を計算するだけです」
　山崎弁護士は不思議そうな顔で質問する。
「でも、Ａ社の企業評価するとしたら、特許も重要なファクターな気がするけど。特許の評価はできないのに、企業の評価はできるのって矛盾していると思うけど、宮田さんどうなの？」
　山崎弁護士は相変わらず厳しい。宮田会計士はさらに苦笑いだ。
「ご指摘、ごもっともでございます」
　宮田会計士はおどけて、山崎弁護士に向かって頭を下げた。
「特許も含めた無形資産そのものを評価する手法は、理論的には研究が進んでいますが実務的にはまだ完全に確立されているとは言い難いのが現状です。私はそこまで理論家ではないですし、理論的研究成果を読み込んで実務に適用するようなレベルでもないので、残念ながら現状では無理、としか言いようがありません。一方、株価算定は理論的にも実務的にも手法が成熟してきているので、私でも何とか対応している、というのが現状です」
　山崎弁護士は頷きながら聞いていた。宮田会計士は続ける。
「ただ、斜め読みしかしていない知識ですが、無形資産の評価方法も株価算定も、評価方法は似ているようです。株価算定の方法の一つとして、将来予測を用いる手法があるのですが、無形資産も将来予測を用いて評価するらしいです」
　久保弁護士が質問してくる。
「そうそう、よく株価算定で将来予測とか聞くけど、将来予測なんてわからないよな？　よく株価算定が絡む裁判だと、売手と買手で価

格が数十倍開くこともあるけど、それって将来予測なんて使うからじゃないの」

山崎弁護士も久保弁護士に続ける。

「そうそう、私も久保君と同じ疑問を持っていたんだよ。私は株価算定については詳しくないから、出された評価結果をそのまま信用するしかないけど、それでも同じ会社の評価をしているのに価格が数十倍も開いてしまうというのが納得いかないんだよね。一物一価とまでは言わないけど、ある程度近い価格帯のレンジに収まるのが自然だと思うけどな」

宮田会計士はまた苦笑いだ。今日は弁護士二人とも、やけに厳しい質問をしてくる。

「山崎さん久保さんの疑問はもっともで、私も同じことを思います。株価算定には予測値が多く入っているので、予測値をどのように評価するかによって価格に開きが出てしまうのはやむを得ないのも事実です。売手は高く売りたいからポジティブな予測をするだろうし、買手は安く買いたいから割り引いて評価するだろうし。ただ、自分が売手側にしても買手側にしても、合理的な説明ができるように慎重に検討はしているつもりです」

久保弁護士はさらに厳しい質問をしてくる。

「予測値をどのように評価するかで数十倍の価格差が出るということは、合理的な説明は後付けになるんじゃない？ それは合理的な説明なのか？」

「久保さん、厳しいっ！」

宮田会計士は笑い始めてしまった。

「それを言われてしまうと身も蓋もありませんよ。でも、株価算定書としてキチンとしたものを提出する以上、それは言わないお約束です。自分が納得して書いた株価算定書が最も合理的であると納得して

から提出しています」

山崎弁護士も笑いながら言う。

「久保君、弁護士だって依頼人の主張に疑問があったって、そこは目を瞑っているのと同じだよ。久保君はドSだから、宮田さんが困るのを見て楽しんでいるんじゃないの？」

山崎弁護士は宮田会計士の方を見ながら続けた。

「宮田さん、価格差がでるのはわかったけど、お願いしたいA社はまだフワッとした段階での評価なんだ。このような段階では、どんなモノができあがるの？」

宮田会計士はやっと落ちついたようだ。

「株価算定にはいろいろな仮定をおいて計算する箇所があります。株価算定の方法を一通り説明したあと、エクセルで当該仮定をいろいろに変化させた場合には株価がこうなる、というものを作りますよ」

久保弁護士は身を乗り出してきた。

「お、さすが宮田さん！ そんなエクセルがあるなら、俺にくれ！ 俺も使ってみたい」

宮田会計士はまた苦笑いだ。

「いやいや、さすがにそのままお渡しするわけにはいかないですよ。計算ロジックを理解しないで使うのは危険ですし、そこに何をいれるかという仮定の部分に対する理屈づけが最も重要なのに簡単にいじられてしまうのも困りますから。A社の場合も、説明の際にはエクセルを使って説明しますが、紙でお出しする場合には納得していただいた一つのものだけをお出しします」

「了解。じゃあ、とりあえず計算ができたら教えて」

山崎弁護士は紙を置いて立ち上がろうとした。

「俺も、その話のとき一緒に聞いていい？ 俺も株価算定の話はよくくるから、少し気になるんだよね。そのエクセルも見てみたいし」

久保弁護士は山崎弁護士と宮田会計士の２人を見ながら言った。
「いいですよ。それじゃあ、できたら連絡します。山崎さん、いいですか？」
「OK！　最近、久保君と一緒に宮田さんの話を聞く機会が多いな」
　山崎弁護士と久保弁護士は、自分のブースへと戻って行った。

3.
株価算定の方法①
ネットアセット・アプローチ

　数日後、宮田会計士は山崎弁護士、久保弁護士のブースへと行く。手には山崎弁護士から預かった資料と、ノートPCを持っている。
　「山崎さん久保さん、A社の株価算定について説明していいですか？」
　「お、さすが宮田さん。仕事が早い！　で、どんな感じ？」
　山崎弁護士は宮田会計士の方を振り返った。久保弁護士も山崎弁護士の机の方に向かう。宮田会計士はノートPCをセットしながら話し始める。
　「この前お話したとおり、エクセルで計算してきましたよ。で、ファクターを変更すれば算定結果が変わるようにしています。網掛けの部分を変更すると、算定結果が変わるように作っています」
　久保弁護士は宮田会計士がもってきたノートPCを覗き込む。
　「どれどれ…。ココの数字を変えればいいんだな」
　久保弁護士がエクセルの網掛けの部分を変更すると、算定結果が変わった。
　「これは面白い！　簡単に算定結果が変わるんだな。宮田さん、これ売れるんじゃないか？」
　久保弁護士は商売に結びつけたいようだ。
　「いやいや、これは原型はあっても、A社用に作ったものだから、一般化は難しいですよ。それに前に話したとおり、どのような理由でどの数値を入れるのかが重要なので、理論的にわかっていない人が使うのは危険です。というわけで、まずは一般的な株価算定のお話から

始めますね」

「またか〜」

久保弁護士はおどけた様子で言った。今回は事前に説明をすることを認識していたのか、いつものように強くゴネたりはしなかった。

「久保さんが面倒なのはわかりますが、弁護士の先生も株価算定訴訟で争う際には準備書面等いろいろ記載しないといけないのですから、概略ぐらいは知っていてもいいと思いますよ。それに、今回はA社の件があるので、山崎さんに理解してもらわないといけないですしね」

「久保君、今回はA社の件が優先だよ。少し我慢して聞きなよ」

「わかったわかった、でも簡単にしてくれよ」

久保弁護士も納得したようだ。

「私も専門的すぎる話はするつもりありませんよ。ざっくりと話しますね」

宮田会計士は説明を始めた。

「株価算定には大きく3つの算定方法があります。ネットアセット・アプローチ、インカム・アプローチ、マーケット・アプローチの3つです。まずはネットアセット・アプローチから説明します」

「ネットアセットということは、貸借対照表の純資産のこと？」

山崎弁護士はA社の貸借対照表を見ながら言った。

資本金	15,000	15,000	15,000
資本準備金	15,000	15,000	15,000
利益剰余金	−31,177	−43,589	−67,591
有価証券評価差額金	102	89	145
純資産合計	−1,075	−13,500	−37,446
負債・純資産合計	469,249	451,561	574,679

「そのとおり！　さすが山崎さん。単純には、貸借対照表の純資産を見るだけです。これを簿価純資産方式といいます」
「これなら確かに一瞬だな。貸借対照表を見ればわかるんだから。でも、Ａ社は簿価純資産マイナスか…」
山崎弁護士はＡ社の純資産を確認すると、厳しい顔になった。
「貸借対照表さえあれば10秒でわかりますから、これが一番早い株価算定になります。しかし、早いだけあって欠点も多い方法です。この欠点をどこまで補正できるかがポイントになります。現にＡ社は債務超過ですから、この方法では株価は１円しかつかないことになってしまいますので、欠点を補正する必要があるか、又は補正可能か検討が必要です」
宮田会計士は純資産を指差しながら話した。
「その欠点とは何？」
山崎弁護士は宮田会計士に聞く。
「大きく分けて２つです。一つは貸借対照表の価格は「簿価」から算出している「簿価純資産」であって「時価純資産」ではないってこと。もう一つは会社の「将来予測」が織り込まれないってことです。まずは、簿価純資産と時価純資産についてお話しますね」
久保弁護士が、以前の説明を思い出しながら質問した。
「この前の話のとき、危なそうな会社については債務超過かどうかを判定するために、含み損益がありそうな資産について時価評価をする、ということを言ってたな。時価純資産ってこのことか？」
「久保さん、よく覚えていますね」
宮田会計士は嬉しそうに話を続けた。
「そのとおりです。ただ、今回は株価算定のお話なので、前回よりももう少し細かい検討が必要です」
宮田会計士は１枚の紙を取り出した。紙には８つの項目が記載し

てある。話を続ける。
「時価評価は本来、すべての資産負債が対象です。ただし、金額や科目の重要性を勘案して、重要な資産負債に限定する場合もあります。ポイントは、次のとおりです。まず、この2つは金額的にも質的にも重要なので、外せない項目です」
宮田会計士は上の2つを指差した。

① 売上債権の回収可能性、棚卸資産の評価
② 土地を中心とした固定資産の時価

「次に、評価対象会社が非上場企業なら、次の4つも重要です」
宮田会計士は、③～⑥を指差した。

③ 有価証券の評価
④ 退職給付引当金の計上
⑤ 役員退職慰労引当金の計上
⑥ 仮払金・立替金・仮受金等の精査

「⑦と⑧は主に上場企業で計上している項目だけど、下記2つの科目が計上されていればこれも吟味します。A社の特許権は、⑧ののれんの評価に合わせて説明します」

⑦ 繰延税金資産の回収可能性
⑧ のれんの評価

宮田会計士は、紙から目を離すと、両弁護士を見て言った。
「会社とか業種ごとに異なるから一概には言えないけど、主な時価

評価のポイントはこんな感じですね」
「随分多いね。これは大変だ！」
山崎弁護士は驚いたように言った。久保弁護士も続ける。
「でも、この全部を時価評価する必要はないのだろ？」
宮田会計士は答える。
「基本は全部検討した上で、時価評価の可否を検討します。例えば、清算貸借対照表を作成して残余財産分配額を計算するとき、検討を省略するわけではないですよね。基本は株価算定でも同じです。金額が僅少で質的にも重要性が低いと思えば省略することはありますが」
「そりゃそうだな」
久保弁護士は納得顔だ。
「というわけで、①から簡単に説明しますね」

3-1　売上債権の回収可能性、棚卸資産の評価

「売上債権の回収可能性の判断は、個別に得意先の状況を判断していくか、以前にお話した回転期間分析を用いるかのどちらかです」
山崎弁護士は質問をしてくる。
「具体的にはどうやって判断しているの？　個別に判断するなら、会社に得意先の状況をヒアリングすることはわかるけど、回転期間分析から回収可能性を判断するってイメージつかないけど」
「会社へのヒアリング等で得意先の状況が個別にわかるのであれば、当然行うべきでしょうね。ただ、株価算定を行う際には時間が限られていますから、売上の大半が大口得意先に偏っているときを除いて、得意先の個別検討までは行わないことが多いと思います。現実的には、回転期間分析を基礎として必要があればヒアリングを行うという感じです」

宮田会計士は、A社とC社の回転期間を示した。

売上債権回転期間　売上債権　÷　（売上高÷12）				
		×1期	×2期	×3期
A社	売上債権	53,829	50,291	49,871
	売上高	382,761	338,192	310,731
	売上高÷12	31,897	28,183	25,894
	売上債権回転期間	1.69	1.78	1.93
C社	売上債権	802,719	1,382,915	2,123,349
	売上高	6,027,193	6,629,173	9,082,618
	売上高÷12	502,266	552,431	756,885
	売上債権回転期間	1.60	2.50	2.81

「で、回転期間分析を具体的にどう使うの？」
　山崎弁護士は、同じ質問をした。宮田会計士の説明が回りくどいようだ。宮田会計士は続けて説明する。
「回転期間分析を行い、異常な増減がないかを検討します。特に異常がないと判断できれば、簿価＝時価と考えます。逆に回転期間が延びている場合にはヒアリングを行います。納得のできる説明を受けられれば、当該説明に応じて回収可能性の判定を行い、その理由を記載します。それでも納得できる説明を受けられなかったり、ヒアリングができないときは、過去数期のデータから適正と思われる回転期間を判定し、売上高に回転期間を乗じた金額を『売掛金の時価』とします。
　A社とC社の場合、A社は回転期間が延びていますが、それでも大した延びではありません。誤差の範囲内だと思います。一方C社は回転期間が1.6から2.81と、3年で1.7倍になっています。回転期間がこれだけ延びるのは疑問ですので、要ヒアリングです」
　久保弁護士は残念そうに言った。

「またC社かよ〜！　前回やったじゃん！」

「スイマセン、久保さん。A社との比較がわかりやすかったので取り上げてしまいました」

宮田会計士は笑いながら説明を続けた。

「例えば、C社のもっと過去のデータが得られるのであれば、これほど回転期間が上昇する前の平均の回転期間を算出し、これを直近の売上高に乗じることで『あるべき売掛金残高』＝売掛金の時価、とみなすことになります。

例えば、×1年と×2年には異常がなくて×3年は異常だと判断した場合、×1年と×2年の平均の回転期間2.05を用いて、×3年の売上高に乗じた金額を×3年の売上債権の時価と考えます」

宮田会計士はホワイトボードに計算式を書き始めた。

$$\underbrace{(1.6 + 2.5) \div 2}_{\text{×1年と×2年の回転期間の平均}} \times \underbrace{9{,}082{,}618 \div 12}_{\text{×3年の売上高÷12（1ヶ月分の売上）}}$$

$$= 1{,}549{,}905 \text{千円} \leftarrow \text{×3期の売上債権の時価（推定値）}$$

「なるほどね〜。分析の手法は、こんな場面でも使うんだ」

山崎弁護士は納得顔だ。

「棚卸資産も回転期間分析ができますよね。売上債権と同じような方法で、時価を判断します」

3-2　固定資産の時価

宮田会計士は続ける。

「次は②の固定資産の時価です。主な固定資産は、土地と建物です」

「土地とか建物の時価評価は、不動産鑑定士の領域じゃないの？

これも会計士の業務範囲？」
　久保弁護士は不思議そうな顔だ。
「ご指摘のとおり、不動産評価は基本的に不動産鑑定士の領域です。でも、株価算定で不動産鑑定士の評価を取るのは、金額規模の大きいＭ＆Ａとか不動産が重要な場合で、その他の場合は会計士が暫定的に計算します」
　宮田会計士はＡ社の貸借対照表のうち、有形固定資産の箇所を指差した。

建物及び付属設備	152,810	150,201	153,910
機械装置及び運搬具	60,218	56,922	170,921
器具備品	6,382	4,012	5,008
土地	30,210	30,210	30,210
建設仮勘定	0	0	20,916
有形固定資産合計	249,620	241,345	380,965

「Ａ社の場合、最も金額が高いのは機械装置ですが、これは大半が最近取得したものだと思われますので、簿価＝時価と考えていいでしょう。建物及び付属設備については、減価償却が適切に行われていれば簿価＝時価と考えてもいいと思います。土地は金額がそれほど大きくありませんが、バブル期に取得した土地なら時価は大幅に下がっている可能性もありますし、逆に創業時から取得していれば含み益があるかもしれませんから、時価の確認はした方がいいでしょうね」
「で、宮田さんは土地の時価をどうやって計算しているの？」
　山崎弁護士は宮田会計士を促した。今日は山崎弁護士のクライアントＡ社の話だけに、説明を早く聞きたいようだ。
「土地は、路線価から計算します。路線価は時価の７～８割といわれていますので、路線価と面積がわかれば簡単に時価は算出できま

す。路線価×面積÷0.7です。ただ、路線価の算定方法でも土地の形状とか2つの道路に面している場合等の方法が定められているので、これらを考慮に入れて計算すると、それなりに面倒な計算になりますが」

「土地の形状まで勘案するの？　暫定とはいっても面倒なんだね。弁護士には無理だな」

山崎弁護士は残念そうだ。

「もちろん、弁護士の先生はそこまで覚える必要はありませんよ。路線価×面積÷0.7でいいと思います。この計算式だけでも覚えておけば、ざっくりとした土地の価格を算出することができるので、覚えておいて損はないと思いますよ。私たちは、株価算定書を書く段階では細かい状況もできる限り織り込みますので、場合によっては土地の形状を勘案する、というだけです」

「なるほど。路線価×面積÷0.7か。これならスタッフに指示するだけで計算できそうだな。頭の片隅に残しておくよ」

山崎弁護士はようやく納得顔だ。

「そうしてください。計算式を忘れても、路線価から時価が算出できることだけでも覚えておけば、後はGoogleセンセイがついています」

宮田会計士は笑って言った。

「ところでさぁ」

久保弁護士が話を変える。

「さっき宮田さんは建物や機械は減価償却が行われていれば簿価＝時価でいいっていったじゃん。でも例えば、車なんかだったら、減価償却が終わって簿価ゼロのものだってまだ使っているケースがあるだろ？　そうしたら時価はどうすんの？」

宮田会計士は一瞬絶句した。

「ご指摘のとおりです。何も言えねー、って感じですね」

宮田会計士は苦笑いしながら続ける。

「例えば、車とか若しくは中古市場がある機械であればある程度時価はわかるかもしれませんが、そこまで厳密に時価評価するかどうかは金額的重要性を見ながらになるでしょうね。償却が終わっているということは、ある程度長期間使ってきたわけですから、時価がつくかどうかは微妙ですし。そうはいっても、不動産賃貸業のように建物の重要性が高い場合には、不動産鑑定士の手を借りる必要があるでしょうね。建物のみをダイレクトに評価するのは会計士の能力を超えています」

「固定資産の評価にどれだけ時間をかけるかは、株価算定者の判断にもよるということだな」

「そういうことになりますね」

3-3　有価証券の時価評価

宮田会計士は話を進めた。

「次は、有価証券の評価です。A社は有価証券を保有していなくて関係ありませんので、簡単に概略だけ」

久保弁護士は苦笑いしながら言った。

「ここまででもあまり簡単じゃなかったぞ。もっと簡単にな」

「私はよくわかったよ。久保君の能力の問題じゃないの？」

山崎弁護士はニヤニヤしながら言った。久保弁護士は何か言いたそうだったが、宮田会計士が先に口を開いた。

「まあまあ、とりあえずA社は有価証券保有していませんから、より簡単にしますよ。

保有している有価証券が、上場しているのであれば時価は簡単にわ

かりますから、問題ないと思います。一方、非上場の有価証券は時価評価が難しいので、留意する必要があります」

「確かに、今まさに株価算定の話をしているのだから、難しいのはよくわかるよ」

「そういうことです。非上場の有価証券は、原則的には当該有価証券発行体の決算書等を入手してから判断することになります。その際、当該会社と有価証券発行体との関係に着目しながら検討します」

「また難しくなってきたぞ。一言でいうとどういうこと？」

久保弁護士は簡潔にまとめさせるのが好きなようだ。

「関係会社かどうか、特に気を付けてください、ということです。関係会社なら、もしかしたら当該会社と一体で見る必要があるかもしれませんよね。中小企業は多くの場合連結決算していませんから。関係会社を使って、いわゆる粉飾決算をしているかもしれないし、関係会社のどこかに損失を付け替えているかもしれない、ということを念頭に置く必要があるということです」

「なるほどね。関係会社を含めた全体の関係を見ることも重要なんだ」

山崎弁護士は頷いた。

「関係会社があるなら、担保や保証関係もよく検討する必要があるでしょうね。当該会社は見た目で問題なくても、業績の悪い関係会社の債務保証をしていることもあり得ますから」

宮田会計士は二人の弁護士を見た後、さらに話を続けた。

「あと、ゴルフ会員権も注意してください。ゴルフ会員権は値動きが激しいので含み損を抱えている可能性があります。ゴルフ会員権の売買サイトを複数チェックすれば、時価を把握できると思います」

山崎弁護士は質問する。

「ゴルフ会員権ね。ゴルフ会員権って、株式以外にも例えば、出資

とか組合形式もあるけど、全部有価証券に区分されているの?」

「良い質問ですね〜」

宮田会計士は、池上彰を意識して笑いながら言った。

「組合出資も含めた出資の場合、有価証券ではなくて出資金として区分されていることがあります。ただ、法形式としての出資形態の違いが処分可能性に影響することもあるでしょうけど、基本的には出資形態にかかわらず評価すればいいと思います」

「了解!」

3-4　退職給付引当金、役員退職慰労引当金

宮田会計士は、話を続ける。

「次は、退職給付引当金と役員退職慰労引当金です。」((注)退職給付に関する会計基準の変更により、退職給付引当金は「退職給付に関する負債」になるが、ここでは従前どおり「退職給付引当金」と記載する。)

山崎弁護士は、A社の貸借対照表を見ながら言った。

「これもA社は計上がないから、関係ない項目だよね。でも、確かA社は退職金制度があったと思うけど、逆に計上がなくていいのかな?」

宮田会計士はニヤッと笑った。

「山崎さん、そのとおりです!　退職給付引当金は、計上がないからこそ慎重に検討しなければならない項目になります。少し監査の話になりますけど、資産は「当該資産が本当に存在するか」すなわち「実在性」が重要ですけど、負債は「当該負債が漏れなく計上されているか」すなわち「網羅性」が重要なのです。退職給付引当金や役員退職慰労引当金は負債ですから、これらが漏れなく計上されているかどう

かの検討が必要になります。A社はこれらの項目が計上されていませんので、本当に計上する必要がないのかどうかを検討します」

「A社が計上していないのは、上場企業と中小企業の会計処理の違い？」

山崎弁護士は宮田会計士が会社に要求した資料をめくりながら聞いた。

「そうです。退職給付引当金や役員退職慰労引当金は、会計では計上しなければなりませんが、法人税法では計上する必要はありません。というわけで、退職金規程があるかどうか、退職金規程があるなら、当該規程に従って計算した場合の退職金の金額をお願いしました」

「なんで法人税法は会計基準と違う処理にするのかな…」

山崎弁護士がボソッと言った。

「あくまでも私見ですが、法人税法は国の税収に関わる問題ですから、税収を安定的にするためには、引当金計上時に損金算入させるよりも退職金支払い時に損金算入する方が税収が増えるからでしょうね。今、この議論をしていると時間がなくなってしまうので、話を先に進めます。」

宮田会計士はもっと話したそうだが、話を進めた。

「退職、という名前からもわかるとおり、退職金に関する項目です。上場企業の場合、退職給付引当金という名称で貸借対照表に計上されていますが、本当に見てほしいのは『退職給付に関する注記』です。退職給付債務と年金資産の差が未積立の退職給付債務といって、当該企業の退職金支給に関する積立不足の金額、というイメージです。平成27年に新会計基準が適用されると当該金額がダイレクトに負債に計上されますが、今は注記で確認する必要があります」

「ゴメン、何言っているか全然理解できない…」

久保弁護士が呆れるように言ってきた。

「申しわけないです。ここを深く話すと難しくなりすぎるので省略させてほしいのですが、例えば、再上場を果たしたJALでは退職金の積立不足が大問題になりましたが、これは今の説明の箇所を見れば把握できる事項です。私の手元にJALの決算書がありますから、後で見てください」

「時間があれば見ておくよ。それで、中小企業は？　A社は、もちろん中小企業でしょ？」

山崎弁護士は話をA社に戻そうとしている。

「A社は中小企業ですよ。中小企業は、そもそも退職給付引当金を計上していないケースが多いので、計上する必要があるか検討することから開始します。順番としては、会社に退職金規程があるかどうか、規程がある場合であれば、評価基準日現在で規程に従った方法で計算した場合にいくらの退職金が必要となるか、という方法です。というわけで、A社には退職金規程をお願いしました」

「中小企業はそんなに難しくないな。計算は面倒そうだけど」

久保弁護士も納得顔だ。

「そうですね。退職金規程を読み込み、従業員の勤続年数等を把握した上での計算ですから、内容は単純でも計算は面倒です。というわけで、A社には計算結果もお願いしました」

「なんだよ〜。宮田さんも手抜きか」

山崎弁護士は苦笑いだ。

「いやいや、会社は普通退職金の計算はしていますからね。会社が資料を持っているなら、そちらの方が正確だというだけですよ」

宮田会計士は話を続ける。

「あともう一つ、役員退職慰労引当金の算定も必要です。こちらの方が判断が微妙かもしれません」

「今までの流れだと、退職給付引当金というのは従業員で、役員は

JAL の退職給付注記

（退職給付関係）
1. 採用している退職給付制度の概要
　主要な連結子会社は、確定給付型の制度として、企業年金基金制度、適格退職年金制度及び退職一時金制度等を設けている。
　一部の国内連結子会社等より構成される JAL グループ企業年金基金では、キャッシュバランスプランを導入している。
　連結子会社である株式会社日本航空インターナショナルを母体企業とする日本航空厚生年金基金（平成20年10月1日に JAL 企業年金基金として運営形態を変更）の代行部分について、平成20年10月1日に厚生労働大臣から過去分返上の認可を受け、同時に一部制度の改定を実施している。
　また、同基金では、キャッシュバランス類似制度等を選択制にて導入している。
　さらに、株式会社日本航空インターナショナルは平成17年10月1日より退職金の一部について従来制度に加え、確定拠出年金と退職金前払に移行できる制度を導入している。

2. 退職給付債務に関する事項　　　　　　　　　　　　　　　　　　　　　　　（単位：百万円）

	前期 （平成20年3月31日）	当期 （平成21年3月31日）
退職給付債務（注1）	△844,232	△800,971
年金資産（注2）	479,214	408,398
退職給付引当金	95,485	94,911
前払年金費用	△54,205	△33,814
差引（注3）	△323,737	△331,476
（差引内訳）		
会計基準変更時差異の未処理額	△97,534	△75,600
未認識数理計算上の差異	△225,654	△256,111
未認識過去勤務債務	△547	235
	△323,737	△331,476

3. 退職給付費用に関する事項　　　　　　　　　　　　　　　　　　　　　　　（単位：百万円）

	前期 （自平成19年4月1日 至平成20年3月31日）	当期 （自平成20年4月1日 至平成21年3月31日）
勤務費用	25,320	22,413
利息費用	22,697	20,511
期待運用収益	△26,042	△20,796
会計基準変更時差異の費用処理額	14,516	13,307
数理計算上の差異の費用処理額	15,227	20,178
過去勤務債務の費用処理額	△20,548	786
小計	31,171	56,401
その他	2,204	2,119
退職給付費用	33,375	58,251
厚生年金基金の代行部分返上に伴う損益	△5,528	8,629
確定拠出年金への移行等に伴う損益	74	37
原則法変更時差異	508	△4
計	28,430	67,184

4. 退職給付債務等の計算基礎に関する事項

	前期 （自平成19年4月1日 至平成20年3月31日）	当期 （自平成20年4月1日 至平成21年3月31日）
退職給付見込額の期間配分方法	期間定額基準	同左
割引率	1.7%～2.8%	同左
期待運用収益率	1.5%～5.1%	1.5%～6.1%
会計基準変更時差異の費用処理年数	主として15年	同左
数理計算上の差異の費用処理年数	5年～15年（発生時における従業員の平均残存勤務期間以内の一定の年数による定額法により按分した額をそれぞれ発生の翌期から費用処理している。）	同左
過去勤務債務の費用処理年数	主として発生時に費用処理している。また、一部の連結子会社は、発生時における従業員の平均残存勤務期間以内の一定の年数により按分した額を費用処理している。	同左

（注1）将来払うべき退職金・年金の合計
（注2）退職金・年金の支払いに備えて積み立てている資産の額
（注3）退職金・年金の積立不足額

役員退職慰労引当金で計算する、ということだよね。何が違うの？」
　山崎弁護士は質問した。
「役員と従業員は退職金の計算方法が違いますからね。というより、役員退職金は株主総会で決めることになりますが、中小企業の場合株主＝役員というケースが多いから、その計算は株主である役員の一存で決められてしまう可能性があります」
「それだと、論理的な計算はできないんじゃないか？」
　久保弁護士も疑問顔だ。
「そうですね。いわゆるお手盛りが可能なわけです。ですので、計上の際には過去の退任役員に対する支払実績等を基に計上することになります」
「創業者社長だったらどうする？　他の役員と比較できないだろ？」
　久保弁護士はまだ納得していない様子だ。宮田会計士も困った顔をしている。
「久保さんは厳しいところを責めてくる…。ご指摘のとおり、創業者社長だと単純な比較はできないですね。このあたりを突っ込まれると苦しいのですが、後は関係者へのヒアリングを基に創業者社長にはこれくらい支払われるだろう、と想定して決めるしかありません。エイヤッて感じで決めて、その金額を計上した理由を株価算定書に書き込む感じですね。」
「宮田さんにしては歯切れ悪いな。珍しい」
　久保弁護士も苦笑いだ。
「わからないものはわからないですよ。創業者社長の退職金なんて会社ごとに違いますからね。一般的にどうだ！　とは言い切れません。それでも、株価算定の要素としては当然に盛り込むべき内容ですから、突っ込まれると困ってしまうんです」
　宮田会計士は答えにくそうだ。

「というわけで山崎さん、役員の退職金について A 社にヒアリングしてくれると助かります」
「了解！　今度、聞いておくよ」
山崎弁護士は答えた。

3-5　仮払金、立替金、仮受金等

「続いて、仮払金、立替金、仮受金等です。これは一瞬で説明は終わりにします。内容をよく確認してください！　以上です」
宮田会計士は笑いながら終わらせようとした。
「これは随分雑な説明だな〜」
久保弁護士はあきれ顔だ。宮田会計士は笑いながら説明を続ける。
「以前の決算書の読み方でも説明しましたが、内容を確認して、必要があればその時々に応じて時価評価する、という以上説明できないのです。それでもこの項目をあえて入れたのは、特に中小企業ではこれらの科目の中に、どのように会計処理していいかわからない取引を突っ込んでおくことがあるからです」
「宮田さんが見た具体例を教えてよ。抽象的すぎてよくわからないな」
山崎弁護士が質問した。
「よく見られる例では、会社が代表者や代表者の家族にお金を貸しているケースで、貸付金として処理しない場合ですね。貸付金にすると目立ってしまうので、仮払金にまぎれさせてわかりにくくします。このような場合は、当該貸付金の返金可能性を検討する必要があります。
その他、いろいろな事例がありますから、金額が多額であったら気を付けるべきです。逆に金額が小さいのであれば、無視していいと思

います」

「結局は重要性の話なんだな」

久保弁護士は笑った。

3-6　繰延税金資産

「続いて、繰延税金資産です。繰延税金資産はA社は計上していないので関係ない項目ですが、先日見たC社は繰延税金資産が計上されていましたよね」

またC社の話がでてきたので、久保弁護士は不満顔だ。

C社　繰延税金資産推移	×1期	×2期	×3期
繰延税金資産	0	0	70,182

「そうだよ。それで宮田さんにC社がどうして繰延税金資産を計上したのか気になると言われたんだ」

久保弁護士は答えると、山崎弁護士も別の質問をしてくる。

「さっきの退職金関係は、計上していなくても計上の可能性を考える項目だったけど、繰延税金資産は計上していなくても問題ないの？A社は計上していなかったけど」

山崎弁護士は、計上の可否について質問してきた。宮田会計士が答える。

「先ほども少し説明しましたが、資産は計上している項目の評価が問題となりますが、負債はそもそも計上しているかどうかが問題になります。繰延税金資産は会計上のテクニックで計上される資産なの

で、計上している場合は評価が問題となります。ただ、中小企業は普通、繰延税金資産を計上しないので、計上しているC社は特に評価が問題になるということです」

宮田会計士の説明に、山崎弁護士は疑問の顔だ。

「やっぱりこのあたりはイマイチわからないけど、資産は評価額を、負債は計上されているかどうかを気にする、っていうくらいの理解でOK？」

「そのとおりです！　その理解でいいと思います。さすが山崎さんですね」

宮田会計士は笑って答えた。さらに続ける。

「というわけで、中小企業にもかかわらず繰延税金資産が計上されているC社の場合には特に注意が必要ということになりますが、計上していないA社は気にする必要はないということです。ちなみに、税務の基準である財産評価基本通達では繰延税金資産はゼロ評価するとされています。繰延税金資産には換金価値がないからです」

「ゴメン、私もわからなくなってきたよ」

山崎弁護士は苦笑し始めた。

「スイマセン。理解してほしいことだけをまとめると、以下の点くらいです」

宮田会計士はホワイトボードに走り書きした。

- 繰延税金資産は業績の良い会社は多額に、業績の悪い会社は少なく計上される。
- 中小企業は繰延税金資産を計上していないのが普通である。
- 株価算定の場合には、ゼロ評価することもある。

「あのさぁ、だったら最初からそれだけ言えよ！　専門家じゃない

んだから、細かい説明はいらないよ！」

久保弁護士は宮田会計士を睨んだ。

「確かに、株価算定の一項目としては長すぎましたね。でも、法律事務所が第三者委員会に入って繰延税金資産の検討を行っていた事例もありますし、これくらいは知っていてもいいと思いますよ」

宮田会計士は精一杯の回答をした。

3-7 のれんの評価

「では、次はのれんです。のれんも非常に難しいので、今度は簡単に話しますね」

「私は多少細かくてもいいけどね」

山崎弁護士はまた助け船をだした。

「ありがとうございます。のれんは、M＆Aを行った際に発生する科目です。例えば、純資産100の会社を300で買収したら、300－100＝200がのれんとして計上されます」

「数値としてはわかるけど、なぜ簿価より高い金額で買収するの？で、その買収金額そのものはどうやって計算しているの？」

山崎弁護士は矢継ぎ早に質問してくる。

「例えば、IT企業は人材が資産ですけど、人材そのものは貸借対照表には計上される資産ではありませんよね。このような企業を買収するとき、貸借対照表の純資産はあまり意味を持ちません。人を評価しないといけませんから。このとき、簿価よりも高く買収することになります。

次の質問の、買収金額の計算は今お話しているところです。まさに株価算定のお話になります」

「そりゃそうだ。株価算定の話を今聞いているんだからな」

久保弁護士は笑いながら言った。

「確かに、今株価算定の説明中だったね。それで、のれんの価値は、どうやって評価しているの？」

宮田会計士は困った顔をし始めた。

「のれんの価値の評価は、非常に困難なのです。実務ではゼロ評価してしまうか、簿価のままにしておくかのどちらかでしょうね。株価算定者がのれんの評価をするには、多くの資料を集めて厳密な検討をする必要があります。

で、このれんの評価の話が、会社の『将来予測』の話に繋がっていきます」

3-8　会社の将来予測①

宮田会計士は話を続ける。

「のれんは、先ほど説明したとおりM＆Aを行った際に発生する科目です。先ほどの例だと、簿価純資産100の会社を300で買収するのは、被買収会社には300の価値があると判断したからです。つまりのれんは、貸借対照表には現れてこない価値、例えば、優秀な人材がいるとかブランドネームとか有力得意先があるとか優れた技術力があるといった、『超過収益力』を買収会社が評価した金額といえます。これは『買手』が『売手』を評価しているのだから、第三者が客観的に評価していることになります。この『超過収益力』は、様々な会社に存在していると考えられます。何の特徴もなかったら、会社は存在できませんからね」

「それはそうだ」

久保弁護士が合いの手を入れる。

「でも、会計のルールでは自分で自分の会社の『のれん』を評価し、

計上することはできません。これを『自己創設のれんの計上禁止』と言います」

「自分で自分の評価をしたら、いくらでも高く評価できるし、それはわかるよ」

山崎弁護士も頷く。宮田会計士は話を続ける。

「でも、今回のA社の件でいえば、A社は新しい特許を取得して、その特許が将来の収益獲得に役立つ可能性があるわけですから、特許には経済的な価値があると思います。しかし、特許にしてものれんにしても、この部分の評価をしなければ時価評価が片手落ちではないか、という議論が出てくるのです」

山崎弁護士はA社の貸借対照表を見ながら言う。

「そもそもA社は、特許を取得したことで将来の期待が持てるようになってきたのだから、それは当然な話だな。特許を評価しなければ、純資産はマイナスだから１円評価にしかならないし」

宮田会計士も頷きながら答える。

「したがって、会計基準としては自己創設のれんの計上が禁止されていたとしても、時価純資産を求める上ではこれを評価してもいいのでは、という議論があります。しかし、自己創設のれんの評価額を計算するための方法は、様々な議論は行われているものの世間一般に認められた方法は確立されていない、というのが現状です」

「ということは、A社でいえば、特許の評価をするのは事実上不可能ということだよね。そうするとこのネットアセット・アプローチはあまり有効な方法とはいえないな」

山崎弁護士は、改めてA社の貸借対照表を見た。宮田会計士は続ける。

「そうなのです。これが時価純資産を求める際、すなわち、ネットアセット・アプローチを適用する場合の限界である、ということです。

A社の残余財産を算出する上では有効でも、将来予測を入れることは困難であるという点で、ネットアセット・アプローチは『過去』に着目した方法といえます」

久保弁護士が質問してきた。

「それじゃあ、A社の特許のように将来の事項がポイントになる場合、宮田さんはどうしているんだ？」

「その場合は、ネットアセット・アプローチではなくて、インカム・アプローチを適用する、ということをしています」

「やっとインカム・アプローチの登場だね」

「はい。やっと登場です。長々とスイマセン」

4.
株価算定の方法②
インカム・アプローチ

4-1　DCF法

　宮田会計士は、一呼吸おいてから話を続けた。
「インカム・アプローチはその名のとおり収益に着目した手法です。今まで説明したネットアセット・アプローチが純資産すなわち貸借対照表に着目した手法なら、インカム・アプローチは損益計算書に着目した手法、というイメージです」
「なるほど。ということは、損益計算書を補正すればいいということだね」
　山崎弁護士はA社の損益計算書を見て言った。
「基本はそのとおりです。なお、インカム・アプローチにもいろいろな方法があって、配当金額から算出する方法等もあるのですが、ここでは最もよく用いられている方法『Discounted Cash Flow法』、略して『DCF法』について説明します。計算式計は次のとおりです」
　宮田会計士は、1枚の紙を取り出した。

$$\text{会社の将来フリーキャッシュ・フロー総和} = \frac{FCF1}{(1+r)} + \frac{FCF2}{(1+r)^2} + \cdots + \frac{FCFn}{(1+r)^n} + \frac{TV}{(1+r)^n}$$

FCFi	フリーキャッシュ・フロー	i 年度の本業のキャッシュ・フローから必要なキャッシュ・フローを差し引いた、会社が自由に使うことができるキャッシュのこと。
r	割引率	CAPM により算出された値
n	予測期間	一般的に3～5年が用いられることから、予測期間を5年とした。
TV	ターミナルバリュー	予測期間の最終年度以降の永続価値。通常次の方法により算出する。 TV＝予測期間最終年度のFCF／（WACC － g） g：FCFの永続成長率

「おいおい、宮田センセイ。弁護士にこんな式を提示して、理解できると思うか？」

久保弁護士はあきれ顔だ。

「いや、そんなつもりでこの計算式を出したのではないですけど、計算要素を示す上では必要だと思ってお渡ししました」

久保弁護士は不満顔だが、宮田会計士は続ける。

「株価算定で最も用いられている方法がこの DCF 法です。DCF 法は、会社が将来どれくらいのキャッシュを生み出すことができるかを予測して算出する方法です」

山崎弁護士が質問してくる。

「将来予測って、さっきののれんの説明で将来予測は難しいって話ではなかった？　矛盾していない？」

宮田会計士は困り顔だ。

4-2　会社の将来予測②

　「確かに将来予測は困難ですが、DCF法では将来予測が重要です。それではどのように予測するかというと、基本は会社の経営者が予測します。会計士は経営者が作った将来業績予測に従って株価を算定するのです」
　山崎弁護士は、たたみかけるように質問してくる。
　「経営者が作った将来業績予測なんて、いくらでもバラ色の未来を描けるよね。さっきののれんの説明では否定していたのに、DCFでは認めるって納得がいかないな。それに、仮に認めたとしても、経営者の予測をそのまま利用したらダメなんじゃないかな。それに、中小企業の経営者は厳密な将来予測を作れないケースだって多いと思うけどな。現にA社だって、銀行融資を受けるための簡単な予測はあっても、とても厳密な計画とはいえないし」
　山崎弁護士のたたみかける質問に、宮田会計士は明らかに困り顔だ。
　「それを言われると困ってしまうのですが…」
　宮田会計士は、ゆっくりと説明を続ける。普段早口な宮田会計士だが、困っているときは、ゆっくりと話す傾向がある。
　「経営者が提出した楽観的な将来予測で会社を買収して大問題になったのがオリンパスですよね。元々は有価証券投資の失敗ですが、その失敗を隠すためにM&Aで企業を不当に高く購入し、のれん償却を通じて損失処理を行ってきたようです。オリンパス事件では、オリンパスがM&Aの際に提出してきた被買収会社の将来計画を不当に高く作成し、当該計画をそのまま利用して会計士が株価算定を行った結果、株価が不当に高く算出されたと指摘されました」
　「やっぱり、そうなるよね。宮田センセイ、それで良いの？」
　山崎弁護士は、笑いながらも宮田会計士を問い詰める。

「う〜ん…。今はオリンパス事件をきっかけに、日本公認会計士協会から株価算定に関する指針が出ていて、経営者が提出してきた資料も検証することが必須になっています。建て前でいえば、オリンパス事件の有無にかかわらず、将来計画についても検証することは必要だったといえます。

一方で、これは本音ですが、経営者にヒアリングして将来業績予測を修正したりすることは必須だったとしても、株価算定を依頼されただけのイチ会計士が、経営者が作った将来業績予測を否定して別の計画を作成するのは難しいのでしょうね。できたとしても、当該将来予測に実現可能性という意味で一定の掛け目をかけて保守的に評価するということが多い気がします」

山崎弁護士はさらにたたみかける。

「おいおい、宮田センセイ。それじゃあDCF法を用いる場合には会社の言いなりってことじゃないの？」

宮田会計士も必死で答える。

「会計士協会から株価算定業務に関する指針が出た今は、以前よりは会計士が自らの判断で業績予測を修正することは多くなるでしょうが、それでも明らかに不合理な計画でないかぎり、業績予測をそのまま全面的に否定するようなことは難しいかもしれませんね」

4-3 将来キャッシュ・フロー

「ふ〜ん、イマイチ納得できないけど、宮田さんをこれ以上いじめるのも悪いからやめておくよ。それで、具体的には、どのように業績予測を株価算定に使うの？」

宮田会計士には、山崎弁護士の顔が意地悪く見えたが、質問攻めが終わってホッとした表情で説明を始めた。

「経営者が作った業績予測にしろ、株価算定者が作った業績評価にしろ、今後3〜5年の業績予測が必要です。このときのフォームは損益計算書でもいいですが、株価算定では利益よりもキャッシュが重要になりますので、損益計算書フォームで作成した場合にはこれをキャッシュベースに計算し直します」

久保弁護士が、A社の損益計算書を見ながら質問する。

「キャッシュって現金のことだろ？　要は、利益計算から現金計算に変更するということ？」

宮田会計士は頷きながら答える。

「そうですね。今後の営業活動によって、どれだけ現金が増えるのか、損益計算書を基に計算するということです。ここでのポイントは『営業活動』です。営業活動というのは、会社の本業という意味になります」

久保弁護士は、思い出したように質問してきた。

「だったら、キャッシュ・フロー計算書の『営業活動によるキャッシュ・フロー』を使えばいいじゃん？」

「久保さん、よくキャッシュ・フロー計算書を思い出しましたね。そのとおりなんです」

宮田会計士は一呼吸おいて、説明を続ける。

「ただ、キャッシュ・フロー計算書って上場企業しか作成していないですから、中小企業では使いにくいです。そこで、一般的には最初に今後3〜5年の業績予測を作ることがスタートになります。これは、経営者が作成しているものを使うか、経営者が作成していない場合には過去の損益計算書の平均から株価算定者が作ることになります。もちろん、いずれの場合でも経営者のヒアリングや業況の把握が必要です」

先ほど山崎弁護士に突っ込まれたので、宮田会計士は山崎弁護士を

チラっとみた。山崎弁護士は特に何も言わなかったので、安心して宮田会計士は続ける。

「将来の業績予測を作ったら、ここから営業活動から得られるキャッシュを計算します。その際によく使われるのがEBITDA、簡便的には営業利益＋減価償却費で計算します。EBITDAは、Earnings Before Interest, Taxes, Depreciation, and Amortization の略です」

「俺に英語がわかると思っているのか！！」

久保弁護士の声のトーンが上がった。久保弁護士は英語が苦手のようだ。

「いやいや、単語だけ見てください。日本語に訳せば、利払い前、税引き前、償却前利益、ということです。当期純利益に、これらの項目を調整すればEBITDAになります。EBITDAは、税金や金利、減価償却方法が各国で異なっているから、異なる国でも同じように比較できるための指標としてよく用いられています」

「私もよくわからないよ。そこは会計士のセンセイにお任せするとして、簡便的には営業利益＋減価償却費で計算してはダメなの？」

「そうですね。EBITDAまで理解する必要はないから、営業利益＋減価償却費でもいいと思います」

「いつも言ってるだろ～。最初から簡単なところだけ話せって。結局、営業利益＋減価償却で計算したものを、3～5年分見ればいいんだな」

久保弁護士は一言でまとめた。

「そういうことです。いつも説明が長くて失礼しました」

4-4　設備投資・運転資金・借入金

　宮田会計士は軽く頭を下げてから、説明を続ける。
　「今、営業キャッシュ・フローを計算しましたが、キャッシュには損益計算書を通さずに増減するものもあります。例えば、借入金の返済や固定資産の購入、運転資金の増減は損益計算書を通さずにキャッシュが増減するので、これらの項目も調整する必要があります」
　「確かに、借入金の返済は現金を減らすからな。これらも経営者が作成したものを使うのか？」
　「そうです。借入金の返済は銀行約定書を見ればわかりますが、固定資産の購入のような設備投資計画は基本的に経営者が作成したものを使います。作成していなければ、過去の推移とヒアリングから株価算定者が作成するしかありませんが」
　久保弁護士うなずいた。宮田会計士はさらに続ける。
　「以前、黒字倒産とキャッシュ・フローの関係について話しましたけど、株価算定ではごまかしのきかない現金の動きで株価を算定しますから、設備投資や借入金の返済予定も重要な項目です。会社を維持するために必要ですからね」
　「了解。忘れそうだけど、重要な項目だな」
　久保弁護士は納得顔だ。
　「これでキャッシュの増減を調整し終わりました。後は、ターミナルバリューと呼ばれるものを計算する必要があります。ターミナルバリューというのは、計画終了後の期間も会社は継続するはずなので、計画終了後将来にわたってにどれだけのキャッシュを得られるか、ということです。これは、計画終了時点の予測が将来にわたって継続することを前提とします」
　「う〜ん。このあたりも会計士の先生の領域で、弁護士の範疇では

ない気がするな」

山崎弁護士は困り顔だ。

「確かにそうですね。ただ、理解してほしいのが計画最終年度が将来にわたって継続すると仮定しますから、計画最終年度のキャッシュの動きがすごく重要であるってことくらいです。これ以上の説明は、高校で勉強した無限等比級数の和の知識が必要だから、省きますね」

「高校の数学なんて、俺らが理解できるはずない！」

久保弁護士はなぜか自信たっぷりに言った。

4-5 割引率

「では、次に『割引率』の話をしますね。DCF法の『D』、Discountedのことです」

「俺もよくDCFの算定書を見るけど、割引率が一番よくわからないな」

久保弁護士は顔をしかめた。

「そうでしょうね。数式が出てくるとよくわからなくなりますよね。でも、一応数式を示しておきます」

宮田会計士はまた別の紙を出した。

$$WACC = r_e \times E/(D+E) + r_d \times (1-t) \times D/(D+E)$$

D：有利子負債
E：株主資本
t：実効税率（％）
rd：有利子負債コスト
re：株主資本コスト

「何度も言っているけど、こんな数式は弁護士にとって必要なものなのか？」

久保弁護士は、紙をヒラヒラさせながら言った。

「必要か必要ではないかは、ご自分で判断してくださいよ。私がこの数式を示したのは、これで計算してほしいからではなくて、数式の意味を理解してほしいからです」

「宮田さんらしい説明方法だね。さっきと同じだ」

山崎弁護士は苦笑いだ。

「そうですね。それではこの計算式を見てほしいんですが、着目点はＤとＥです。Ｄは負債、Ｅは株主資本を表しています。要は、貸借対照表の右側、貸方ともいいますが、資金調達に関連する計算式です。会社が資金調達をするにあたり、どれだけのコストがかかっているのかを計算しています」

「ということは、Ｄは借入金や社債の利息、Ｅは株式配当ということか？」

久保弁護士は貸借対照表を見ながら言った。

「そのとおりです。さすが久保さん！」

宮田会計士が言い終わるか終わらないかのうちに、久保弁護士は話を続ける。

「でも、銀行借入の利息なんてどんな企業でもそれほど変わらないだろ？　株式配当なんて、配当をしていない会社だって多いぞ。どうしているんだ？」

「そうなんです。その疑問は私も長年思ってきました」

宮田会計士はゆっくり話し始める。

「理論的には、銀行借入の金利は企業の信用リスクつまり当該会社が潰れそうかどうかによって、大きく変動するはずです。しかし実際には、銀行が潰れそうな会社の金利を15％にしたなんて話は聞いた

ことがありません。つまり、借入金の利率を用いた場合、負債コストは低くなってしまうのです。

　同様に、中小企業は配当を行っていないケースがほとんどです。では、配当を行っていない企業についてはどのように計算すればいいのか、悩ましいところです」

　宮田会計士は二人の弁護士を見た。さらに話を続ける。

「一般的には、やはり大企業より中小企業の方が潰れるリスクが高いですから、当該企業の利率を使って割引率を計算したら中小企業では低くなってしまいます。同じく、資本コストは配当から計算できればいいですが、配当が行われていない会社の場合には過去数十年間の資本市場で期待されるリターンを割引率として適用します。

　また、このあたりは専門的すぎますね。聞き流してくれて結構です」

　山崎弁護士は大きくため息をついてから、質問した。

「まあ、わからないことは聞き流すとして、私たちがよく見る株価算定書だと、割引率が30％とかざっくりしたものがあるけど、あれは何なの？」

「山崎さんはよく見てますね。ココを指摘してくれるのは嬉しいです」

　宮田会計士は少し笑顔になった。

「理論的な方法は今説明したとおりですが、株価算定書では一般的にはこのくらい、というざっくりしたものを用いることもあります。それが、30％等の丸まった割引率です」

　宮田会計士は続ける。

「例えばＡ社の場合、特許を取得したことにより、事実上スタートアップ企業の評価をするのとあまり変わらないことになりますが、スタートアップ企業の場合、右肩上がりの計画を作成してくることがよくあります。このような場合、理論的算出方法で割引率を算出するの

ではなく、一般に用いられている割引率として10〜30％程度の割引率を採用することがよくあります。なぜ10〜30％かは、実務的によく使われているとしか言いようがありません」

久保弁護士はあきれ笑いだ。

「こんなに理論的に話していたのに、最後は10〜30％とは…。理論的な説明との高低差ありすぎないか？」

宮田会計士はお笑い芸人を思い浮かべて言った。

「耳がキーンとしないことを願います」

山崎弁護士も笑いながら、質問してくる。

「そこのお笑いコンビは…。で、話を元に戻すけど、結局は割引率もある程度恣意的に決めているということになってしまうの？」

山崎弁護士は真面目に質問してきた。

「恣意的と言われると困ってしまいますが…。私の場合、一義的には理論的方法で割引率を算定してみます。その結果に違和感がある場合には、10〜30％の割引率を適用することを考えます。もちろん、なぜ当該割引率を用いたのかについては説明を尽くしますが、評価者によって割引率が変わってしまうのは仕方がないことです。したがって、どのような割引率を用いたかによって評価額は大きく異なってきます。株価が売手と買手で大きく異なってしまう最大の理由は、この割引率にあると考えています」

山崎弁護士は納得顔だ。

「将来予測の違いが評価額に差がでる最大の理由だと思っていたら、実は割引率の方が大きいとは思っていなかったよ」

宮田会計士も頷く。

「もちろん、将来予測でも大きな差がでますし、将来予測は見た目でわかりやすいですから、議論の対象になりやすいのです。一方、割引率も非常に大きい影響を与えるにもかかわらず、その内容のわかり

にくさから将来予測ほど議論になりにくいという現状があります」
　宮田会計士はさらに続ける。
「先ほど、経営者が作成した将来計画を会計士が変更するのは難しいと話しましたが、その半面、割引率は会計士の判断で変更しやすい箇所です。したがって、あまりに楽観的な計画であれば、高めの割引率を使って調整することになります」
　山崎弁護士は頷きながら言った。
「なるほどね。計画は変えずに、割引率で調整する。そうすれば経営者の主張はそのままに、評価額が高くなりすぎるのを防ぐことができるということだね」

5.
株価算定の方法③
マーケット・アプローチ

「残る一つの方法がマーケット・アプローチです。これはその名のとおり、市場価格を用いる方法です」
久保弁護士は不思議そうな顔だ。
「市場価格って上場企業の株価のこと？　上場していない会社の評価はどうするんだ？　ほとんどの企業は上場していないだろ？」
宮田会計士は質問に答える。
「久保さんのご指摘通り、市場価格は上場企業の株価のことです。これは基準日さえわかれば一瞬でわかりますから、何も苦労しません。一方、大変なのは非上場企業です。非上場企業の評価は、評価対象会社と類似している上場企業の株価等を基準に評価します」
「え？　類似している会社？　類似している会社ってそんなに簡単に見つかる？　同じ業種だって、黒字の会社も赤字の会社もあるし、規模も違う。方法としては荒っぽい気がするけどな」
今度は、久保弁護士がたたみかけるように質問してきた。
「そうなんです、類似会社を探すのがとてもやっかいなんです。特に中小企業の場合、類似している上場企業を見つけることは困難です。それでも例えば、当該企業の業種と同じ業種の上場企業を複数ピックアップして計算することもあります」
さらに久保弁護士は続ける。
「そうは言っても、この方法だとどの会社を選ぶか外すかによって、株価はいくらでも変わってしまうじゃないか。それこそいくらでも調整可能に思えてしまうが」

「ご指摘はごもっともで何の反論もできません」
宮田会計士はまた苦笑いだ。
「それだからこそ、なぜ類似会社として当該会社を選んだのか、若しくは選ばなかったのか、十分に記載しておかなければならないのです。
ただ逆にいえば、類似の会社が見つかれば、当該類似企業の株価は市場で決められているのですから、より客観的な方法だし素早く計算できる方法でもあります。例えば、M&Aの話が持ち込まれてから当該案件を前に進めるかどうかを検討する必要があるときは、大抵検討時間も検討材料も非常に限られています。このようなときは、マーケット・アプローチがよく用いられます」
山崎弁護士が頷きながら言う。
「なるほど。で、具体的な算定方法は？」
「上場類似企業の、いわゆる『1株当たり指標』を基礎として計算します。「1株当たり指標」というのは、1株当たり純資産、1株当たり利益、1株当たりEBITDA、1株当たり売上高等です。上場企業は、これらの指標がインターネット上に開示されています。これらの『1株当たり指標』を類似会社の株価で割れば、株価倍率が算出されますので、当該株価倍率を評価会社の『1株当たり指標』に乗じれば、株価が算出されます」
「確かに随分簡単な方法だな。類似会社が見つかれば、の話だけど」
久保弁護士は不満顔だ。
「久保さん、ずいぶんこだわりますね〜。もちろん、株価算定書で採用するときは類似会社の選定だけでなく、当該会社の1株当たり指標についても調整を行います。
この方法は、株価算定の一つの方法でもありますけど、株式投資を始めるときに類似会社の株価倍率を調べて割安な会社の株を購入する

という株式投資入門的な捉え方もできますから、その意味でも活用してみたらいかがですか？　もっとも久保センセイは株式投資なんてする必要ないかもしれませんけど」
「イヤミ？！　宮田さんに言われたくないわ！」
久保弁護士は軽く宮田会計士を睨んだ。
「冗談ですよ。Ａ社の場合、特許を取得したことで将来収益に期待ができる状態になっていると思いますが、このような状況で類似企業を探すことは非常に困難だと思います。したがって、Ａ社の算定ではマーケット・アプローチは採用しないこととします」
山崎弁護士がＡ社の決算書をめくりながら言った。
「Ａ社は元々業績が悪かったけど、特許取得でＶ字回復を目指しているんだから、類似の企業も見つかるはずがないな。マーケット・アプローチを採用しないことは同意するよ」

6.
非流動性ディスカウント、コントロールプレミアム

「最後に、非流動性ディスカウントとコントロールプレミアムだけ簡単に説明しておきます。非上場企業は、株を売却しようと思ってもそう簡単に相手が見つかるわけではありません。その分だけ、非上場企業は上場企業よりも株価は低くなると考えられますので、その分を減額します。これを非流動性ディスカウントと呼びます。

非流動性ディスカウントは、一般的に20～30％が適用されています。なぜ20～30％なのかは、一般的に適用されている、という以上の説明ができません」

久保弁護士は笑って言う。

「またまたざっくりだな。どうも株価算定は、理論的に細かい箇所とざっくりな箇所が混在している気がするな」

「私見ですが、株価算定の歴史自体がまだ浅いので、現実の企業の動きをすべてカバーできるような算定理論が構築されていないのではないでしょうか。

コントロールプレミアムは、株式の過半数を取得することができれば、当該企業を支配することができるため、その分だけ株価が高くなるはず、というものです。これも5～10％が適用されていますが、理由は『一般的に』というだけです。

A社は非上場企業ですから、非流動性ディスカウントを30％程度見ておくことになります。コントロールプレミアムについては、どれだけ株を売却する予定かによって変わると思います」

7.
株価算定結果を報告するために必要なこととは?

「これでやっと、エクセルを見てもらってもいいと思います」
宮田会計士はエクセルを示した。
「以上の結果、A社の株価算定ではインカム・アプローチを用いることになります。

ただ、将来キャッシュ・フローや割引率について変更すれば、株価はいくらでも変わってしまいますので、この金額が正しいと言い切ることはできません。それこそ、今まで説明してきた『変数』に『何を代入』するかによって、株価は数十倍は乖離してしまうことになります」

山崎弁護士は、エクセルにいろいろな数値を入れた。算定結果は大きく変わる。

「う〜ん。そうすると、社長には何と報告すればいい？ 社長はこんな難しい説明しても理解してくれないし、こんな長い説明は聞いてもくれないよ」

「そうですよね。気持ちはよくわかります。私の場合、株価算定をする前に『雑談として』どのくらいの価格だったら納得するのかを事前にリサーチしておきます。あくまでも『雑談として』ですよ。○○円にしろ！ という依頼であれば、お断りせざるを得ませんが。

その後株価算定を行うわけですが、まずは自然体で自分が思うとおりの株価算定を行った後、『雑談価格』との乖離を確かめます。その後、自然体価格と『雑談価格』の差を縮めるためにはどのファクターを動

第3章 株価算定

7. 株価算定結果を報告するために必要なこととは？

(単位：千円)

割引率	20%
成長率	1%

⇒将来予測（特許含む）

	×1期	×2期	×3期	×4期	×5期	×6期	×7期	×8期	TV
売上	382,761	338,192	310,731	300,000	400,000	500,000	600,000	700,000	
営業利益	−12,997	−11,193	−20,414	30,000	40,000	50,000	60,000	70,000	
減価償却費				5,000	4,000	3,000	3,000	3,000	
運転資金の増減				0	−1,000	−1,000	−1,000	−1,000	
設備投資				0	0	0	0	0	
借入金の返済				−5,000	−5,000	−5,000	−5,000	−5,000	
フリー・キャッシュ・フロー				30,000	38,000	47,000	57,000	67,000	352,632
DCF				20,833	21,991	22,666	22,907	22,438	118,096

CF合計　228,931
非流動性ディスカウント　30%
企業価値　**160,252**

かせばよいのかを考え、それが自分で納得できるロジックになるかを考えていきます。

　何度も繰り返すとおり、株価は算定者によって数十倍の開きが出ることが多々ありますので、絶対的に正しい価格はありません。一方で、株価算定者が依頼者の意向を丸のみして、依頼者のストライクプライスに恣意的に計算していく、ということも認められません。その狭間で、株価算定者はいかに自分でも納得できるロジックを構築できるか、ということが重要なのだと思います」

　頷きながら聞いていた山崎弁護士は、自分を納得させるように言った。

　「結局は、社長の頭の中にある価格をさりげなく聞いておいた方がいい、ということだね」

　宮田会計士も頷きながら答える。

　「理論的にはダメかもしれませんが、現実的にはそのようなケースが多いと思います。そして、社長があまりにも無理な価格を想定している場合には、それを説得していくことになるのではないでしょうか」

　「会計士も、依頼者との関係が大変なんだな」

　山崎弁護士は、しみじみと言った。

8.
株価算定書があれば税務問題は解決するか?

「これで株価算定方法のざっくりとした説明は以上ですが、もう1点だけ説明したいことがあります。株価算定と税務の関係です」

久保弁護士が体を少し前に乗り出してきた。興味があるようだ。

「確かに、税務は気になるところだな」

「株価算定の結果、売手と買手が当該価格で合意すれば、取引としては成立します。しかし、売手と買手が関係、例えば、同族間の取引の場合、不当に高いあるいは低い価格で取引することによって利益や損失を隠すことが可能になってしまいます。関係者間で非上場株式を売買する際には、特に留意が必要になってきます」

久保弁護士が質問してくる。

「留意するからこそ会計士から株価算定書を取得するのだろ。これ以上何を留意するの? 自己否定すること言っていない?」

宮田会計士はまた困った顔だ。

「それはそうなのですが、関係者間取引の場合には上記の算定方法に加えて税務上の株価算定結果も意識した方がいいということです」

久保弁護士はさらに質問する。

「おいおい、今までの方法は税務では通用しないって言ってるの? それでは株価算定の意味がないだろ」

久保弁護士は若干怒っているようだ。宮田会計士も困っている。

「久保さん、厳しい! 税法では、財産評価通達で非上場株式の評価方法が定められています。税務の実務では、当該方法が事実上のベンチマークとなっています。もちろん、完全な第三者間取引であれば

税務の評価方法を強く意識する必要はありませんが、関係者間取引であれば寄附金認定されないためにも、税法上の評価額と大幅に乖離する価格の場合にはより慎重な対応を考える必要がある、ということです」

「私もよくわからないな。今までの説明と税法上の評価額はそんなに価格が違うの？」

山崎弁護士も質問してきた。

「途中で説明したとおり、会社の価値は一物一価で決まるものではありません。評価者によって、売手か買手かによって、将来性の判断によって、評価額は変わります。その中で売手と買手の双方で合意すれば取引が成立するので、交渉と駆引きも価格決定の重要な要素です。ところが税務では明確に算定方法が定められていますから、誰が算定しても同じ結果が算出されます。ある意味、クリアーな方法ともいえるでしょう。しかし、税務の評価方法は取引価格を算定する方法ではありません。しかも、財産評価通達は基本的に相続税を算定するための方法ですから、納税者の負担を考慮して株価は低く算定されるような計算式になっています。つまり、買手に有利・売手に不利な計算方法ともいえます」

山崎弁護士は頷いた。

「なるほど。相続税を計算するための評価額と、取引価額は違うということだね。それではなぜ関係者間取引ではこの価格を意識しないといけないの？」

宮田会計士は答える。

「他に有効なベンチマークがない以上、税務当局はこの方法を強く意識している、といっていいと思います。関係者間取引だと、恣意的に取引価格を調整できてしまいますからね。この影響を受けているのか、税理士に株価算定を依頼すると、ほとんどの場合、財産評価通達

での算定書が上がってきます」

「そもそも、今まで教えてもらった方法と、税務の方法はそんなに違うの？」

「ネットアセット・アプローチについてはほぼ同じと考えていいと思いますが、インカム・アプローチとマーケット・アプローチは全く違うと考えていいと思います。取引額を決定するための手法と、課税額を決定するための方法の違いですから、そもそも考え方が違うのでしょう」

「具体的に、税務の評価額からどれくらい乖離したら問題となるの？」

山崎弁護士は、矢継ぎ早に質問してくる。

「それがわかったら、苦労しませんよ（笑）。逆に言えば、乖離の幅が大きければ大きいほど、株価算定書は慎重に作成されるべきです」

久保弁護士も口を挟む。

「ということは、税務上の評価方法で売手・買手とも合意できるのであれば、税務リスクも軽減できるし、より良いということになるな」

宮田会計士も頷いて答える。

「同族会社間取引や、売手と買手が関係者である場合には、税務上の評価方法をそのまま採用しているケースも多く見られます。このような中小企業は、会計士ではなく税理士が関与する方が多いですからね。実務では久保さんがご指摘のとおり、売手・買手の双方が合意した価格であれば、税務上の評価方法でも全く問題ありませんし、税務リスクを考えればその方が良いという考え方もあるでしょう。ただ、最初の方で説明したいろいろな方法があることを説明しないまま、『税務ではこのように計算される』という理由だけで税務上の評価額をそのまま株価算定書として提出する会計士や税理士がいたら、別の会計士や税理士にセカンドオピニオンを依頼してもいいかもしれないです

ね」
　「宮田さん、自信たっぷりだね」
　山崎弁護士が笑った。
　「いやいや、変な株価算定書を提出して山崎さんや久保さんに迷惑おかけするわけにいきませんからね」

第4章

再生及び解散と税務処理

0.
C社X社長と久保弁護士の会話

　社内調査を終えた久保弁護士は、X社社長との打合せに臨んだ。

　「X社長、いろいろと調べさせていただいたけど、やっぱり問題が多すぎます。確かに経理部長は粉飾決算ギリギリのことをやっていましたけど、責任は経理部長1人にあるわけではありません。経理部長を庇うわけではありませんが、X社長のプレッシャーに負けて粉飾ギリギリにまで手を出してしまったというべきでしょう」

　久保弁護士は、丁寧な口調でゆっくりと話す。X社長は下を向いている。

　「X社長が頑張ってきたことは私もよく知っています。2代目社長といわれながらもここまで会社を大きくしてきたことは、X社長の功績です。でも、少し急ぎすぎましたよ。急に上場を目指すといっても、昔からいた社員は困惑していますよ。業績連動給の採用は悪くはないけど、業績が上がらなくなった営業職は辞めてしまって、結局人員も定着していないようです」

　X社長は黙ったままだ。久保弁護士はX社長を見ながらさらに続ける。

　「銀行借入の返済、今はX社長の個人資金を融通して何とか返済期限を守っているけど、X社長の個人資金だって無限大にあるわけではないですよね。どこかのタイミングで資金繰りに詰まることは目に見えています」

X社長は顔を上げ、久保弁護士を見てから重い口を開いた。
「それで久保先生は、我が社をどうすればいいとお考えですか」
 久保弁護士は、X社長を改めて見た。冷や汗が顔をつたっている。
「まずは金融機関の協力が得られるかどうか、協議していく必要があるでしょうね。それで金融機関の支援が得られるのであれば私的整理として進んでいくでしょうし、無理なら法的整理まで視野に入れる必要があると思います。どちらにしても、ここまで事態が悪化してしまった理由は明確にしなければならないので、経営者としての責任もある程度は覚悟しておいてください」
「覚悟、というと…」
 X社長が久保弁護士を見る視線は弱々しい。
「銀行借入は、X社長の連帯保証が入っていますよね。連帯保証を履行されてしまった場合のことは考えておく必要があると思います。また、再建にあたってX社長の社長としての資質が問われた場合、私的整理にしても法的整理にしても、X社長がその地位に残れるかもわからない、ということです」
「私はこれまで仕事一筋で一所懸命頑張ってきたんだ。何としても会社は守る！」
 X社長は突然声を荒げた。
「だからさぁ、そういう大声が従業員にプレッシャーを与えてきたんじゃないの？」
 久保弁護士はこれまでX社長に身を乗り出すように話してきたが、声を荒げたX社長の様子を見て、呆れるようにソファーの背もたれに寄りかかった。
「会社を守るのは重要だけどさ、気合いだけじゃ会社は守れないよ。現状を見れば、それは明らかでしょ。俺も必死に頑張るけ

ど、X社長も考えを改めてくれないと守れるものも守れなくなってしまうよ」
　X社長は何か言いたそうだったが、顔を赤くして口をつぐんだ。
「とりあえず、この前いろいろと調べてもらった会計士の宮田とも相談して、まずは私的整理の絵を書くよ」
「久保先生、よろしくお願いします。私も、今日の話はもう一度じっくり考えます」
　久保弁護士は立ち上がると、X社長の肩を軽く叩いてから部屋を出た。

1.
法的整理より
私的整理の方が良い？

　事務所に戻った久保弁護士は、荷物を置くとすぐに宮田会計士のブースへと向かった。
　宮田会計士は書類と格闘している。
　「宮田さん、忙しいところ申し訳ないけどチョットいい？　結構急ぎの話なんだけど」
　「今、キリが悪いので少しだけ待ってもらっていいですか？　5分か10分もしたら久保さんのところに行きますよ」
　「忙しいところ悪いね！」
　宮田会計士はPC画面に目を戻すと、急いで仕事を進めた。

　「久保さん、さっきはスイマンセン。で、どうしたんですか？」
　宮田会計士は久保弁護士のブースに行き声をかけた。久保弁護士はPCから顔を上げて、宮田会計士の方を見た。
　「宮田さん、悪いね。例のC社なんだけど」
　久保弁護士は一呼吸おいてから話を続けた。
　「俺もX社長もいろいろ検討したんだけど、やっぱり自力では再生不能と判断したんだよ。今後の具体的な絵はまだ描いてないけど、法的整理に移行するのは避けたいから、まずは私的整理で金融機関への協力を要請したいと考えているんだ。で、宮田さんにこれからいろいろとお願いしたいのだけど、いい？」
　宮田会計士は、やっぱりという顔だ。
　「C社は随分前からいろいろ聞いていましたから、もちろんOKで

すよ！　久保さんの頼みじゃ断れないですしね。とりあえずは私的整理で進めていくということですよね」

久保弁護士は頷いて答える。

「どの方法でいくかはいろいろな選択肢があると思うけど、やっぱり法的整理だと事実上の倒産状態であることが世間にも知られてしまうから、私的整理で済むならその方がいいと考えているんだ。ただ、金融機関との協議が整わなければ法的整理に進むのもやむを得ないとは思っているよ」

「そうですよね。法的整理だと民事再生だとしても影響が大きいでしょうから、まずは私的整理の方が良いですよね。それで、私は何をお手伝いすればいいですか？」

久保弁護士はC社の決算書を取り出して、宮田会計士に示した。

「この前、C社についていろいろと調べてもらったと思うけど、最初に現状の正確な決算書を作ることからだな。貸借対照表は直近の1期分でいいけど、損益計算書は過去2期分くらいはほしいところだな。不透明な処理が残ったままだと、現状把握できないだろ」

「それはそうですね。その後、金融機関へのリスケ要請のための資金繰り表を作成する感じですかね」

宮田会計士は、C社の決算書を手に取りながら言った。

「そうそう、そんな感じ。俺らには数値のことはよくわからないから、どれくらい返済できるか、何年返済期限を延ばせるか、検討してほしいんだ」

「わかりました。再生計画まで込み込みということですね。そうすると、C社の社長へのヒアリングも含めてという話になりますね。それで、いつまでに行えばいいんですか？」

「銀行への返済日が毎月25日なんだ。今日が月末だから、何とか次回の返済日前には金融機関に説明に行きたいところだな。そうする

と、とりあえず2週間で何とかなると助かる」

　久保弁護士の説明に、宮田会計士は苦笑いした。

「久保さん、相変わらず要求が厳しい！」

第4章　再生及び解散と税務処理

1. 法的整理より私的整理の方が良い？

2.
再建計画①
B/SとP/Lの修正

　10日後、宮田会計士は久保弁護士のブースへと行く。
「久保さん、とりあえず一次報告したいんですけど、時間イイですか」
「お、宮田さん早い！　まだ2週間たっていないけど、もうできたんだ」
　久保弁護士は驚いたように顔を上げた。
「いやいや、まだ完成版ではないですよ。ただ、今の段階で報告して、方向性が正しいか判断してもらおうと思ってきました。というわけで一次報告です」
　久保弁護士は満足そうに頷いた。
「それは助かるよ。最後になって俺の考えている方向性と違ってたら面倒だからな。そうそう、そういえば、今回は山崎先輩にも手伝ってもらうことにしたよ。法律の方もいろいろと手がかかるから、山崎先輩がいれば心強いし」
　山崎弁護士が二人の会話を聞きつけて、久保弁護士のブースへとやってきた。
「最近、久保くんからの依頼が多いんだよね。私もやっと信頼されてきた証拠かな？」
「何言ってるんですか、山崎センパイ！　俺はずっと山崎先輩のこと信頼していますよ、当然じゃないですか」
　久保弁護士はニヤっと笑った。宮田会計士は二人を見ながら言う。
「山崎さん、よろしくお願いしますね。会計は私が担当しますので」
　宮田会計士は一呼吸おいてから、話を続けた。

「それでは説明しますね。今回は過去の決算書の訂正と、今後のリスケ計画及び再生計画案の作成が依頼事項ですが、過去の決算書の訂正よりも今後の支払計画の方が重要ですから、過去のすべての状況を把握しきっているわけではないです。例えば、売上は見積りを取った段階でも売上計上してしまっていますが、従来の基準だったら売上がいくらになるか、完全に正確には計算していません。社長へのヒアリングと帳簿や決算書から推定計算しています。他の箇所も同様です。以前、決算書の読み方とか株価算定の時価B/Sの作成方法で説明したような方法を駆使しています」

久保弁護士は、いつもながら細かい説明は苦手なようだ。山崎弁護士は頷きながら聞いている。

「細かい方法の説明はいらないよ。専門家に任せる!」

久保弁護士は宮田会計士に向かって言った。

「ありがとうございます。結論から言いますと、約8億円の債務超過に陥っていますね。

理由は、売上高の水増し、これは売上計上基準の変更以外にも架空売上がありました。売上の粉飾とともに、在庫の水増しもありましたのでこれも修正しています。また、最近買収した子会社も高く買収していてのれんが多額に発生していますが、子会社の財務内容や損益状況を見るかぎり、のれんも資産性はないと判断できます。なぜこんなに高い金額で買収したのか、ナゾですね。また、繰延税金資産も取り崩しています。さらに、資金繰りが悪化しているのか源泉所得税と社会保険料との未払いが発生していました。以上の状況を修正したものが、修正後の貸借対照表になります」

宮田会計士は修正後の貸借対照表を提示した。

C社修正貸借対照表

	修正前	修正後	修正額		修正前	修正後	修正額
現金及び預金	682,011	682,011	0	買掛金	1,401,020	1,401,020	0
売上債権	2,123,349	1,223,349	-900,000	短期借入金	2,502,812	2,502,812	0
製品	942,918	542,918	-400,000	1年以内返済予定長期借入金	380,200	380,200	0
仕掛品	502,811	502,811	0	前渡金	5,281	5,281	0
原材料・貯蔵品	302,971	302,971	0	未払法人税等	55,520	55,520	0
前払費用	7,011	7,011	0	未払金	2,791	52,791	50,000
仮払金	2,741	2,741	0	未払費用	20,173	20,173	0
その他	190,292	240,292	50,000	流動負債合計	4,367,797	4,417,797	50,000
貸倒引当金	-992	-992	0	長期借入金	4,025,000	4,025,000	0
流動資産合計	4,753,112	3,503,112	-1,250,000	社債	460,000	460,000	0
建物及び付属設備	702,810	702,810	0	長期預り金	1,000	1,000	0
機械装置及び運搬具	1,584,922	1,584,922	0	固定負債合計	4,486,000	4,486,000	0
器具備品	705,886	705,886	0	負債合計	8,853,797	8,903,797	50,000
土地	1,029,421	1,029,421	0				0
建設仮勘定			0				0
有形固定資産合計	4,023,039	4,023,039	0				
のれん	802,910	102,910	-700,000				0
その他	20,429	20,429	0				0
無形固定資産合計	823,339	123,339	-700,000	資本金	150,000	150,000	0
投資有価証券	240,182	240,182	0	資本準備金	699,220	699,220	0
子会社株式	103,200	103,200	0	利益剰余金	299,047	-1,771,135	-2,070,182
繰延税金資産	70,182	0	-70,182				0
その他	39,281	39,281		有価証券評価差額金	50,271	50,271	0
投資その他の資産合計	452,845	382,663	-70,182	純資産合計	1,198,538	-871,644	-2,070,182
			0				0
資産合計	10,052,335	8,032,153	-2,020,182	負債・純資産合計	10,052,335	8,032,153	-2,020,182

宮田会計士はさらに続ける。

「まだ現金預金の残高はありますが、これも金融機関への返済や買掛金の支払い、社会保険の支払いで消えていくと思われます。状況はかなり厳しいと思います」

山崎弁護士と久保弁護士は、顔を曇らせた。

「税金と社会保険の滞納は痛いな。金額はどのくらい？」

久保弁護士は厳しい表情で質問する。

「源泉所得税と社会保険料で、ざっと５千万円くらいです。給与の

遅配があったので、源泉税の支払いにまでは手が回らなかったんでしょうね。社会保険料も同様だと思います。ちなみに、法人税の滞納はありません。というより、黒字決算が続いていましたが、法人税の支払いはごくわずかしか発生しないように調整していたようです。消費税も支払っています」

山崎弁護士も続けて発言する。

「せめて、税金の支払いはしていてほしかったね。銀行の借入返済を優先させていたのはなぜだろ」

宮田会計士は、両弁護士の顔を交互に見ながら言う。

「金融機関の借入金は社長の連帯保証が入っているから、止めたくなかったんでしょうね。それに、黒字決算の決算書を提出しているから、ばれたくなかったのもあると思います。ヒアリングをしていて、源泉税の納付が保証と同じかそれ以上に厳しいということの認識が乏しかったようにも感じました」

久保弁護士は大きくため息をついてから言う。

「あの社長はイケイケドンドンで、税金は無駄な出費くらいにしか思っていなかったからな」

山崎弁護士が諭すように言う。

「それは久保君がもっと積極的に指導すべきだったね。今更だけど」

「今になったらそうだけど、黒字決算だと思っていたから。まさか税金や社会保険料が滞納しているとまでは思ってなかったよ」

宮田弁護士は頷きながら、ゆっくり言った。

「それもそうですが、以前X社長は粉飾決算について何も知らないと言っていたと思いますが、正直、全部を知らなかったとは思えないですね。M＆Aの際の買収価格が高すぎる件も、何も知らずに高い買い物をするような方ではないと思いますし、売上の計上についても社長が何も知らずにというのは考えにくいと思います」

久保弁護士はまたため息をついた。
「X社長の経営者責任についても、考えないといけないな」
「というわけで、数値的にも責任的にも、厳しい局面にあることは間違いないですね」
宮田会計士もため息だ。山崎弁護士が質問する。
「それで、再生の可能性はあるの？」
「とりあえず、こちらを見てください」
宮田会計士は、1枚の紙を両弁護士に提示した。
「ざっくりベースだけど、過去3年分の損益計算書を修正してみました。3年前から赤字幅が急拡大していると思います。状況はかなり厳しいでしょうね」
「こんなに厳しいのか。これは痛いな」
久保弁護士は驚いた顔で宮田会計士を見た。
「私もこれほど厳しい状況とは思ってもみませんでした。このままでは再生は厳しいと思います。修正後とはいえ売上は伸びていますが、かなり値引販売をしていたのでしょうね。売上計上基準の変更だけではない問題も見つかった形です。
X社長の下での営業体制で、営業担当者は利益が出ていないことを恐れて、無理な値下げを行う一方、経理部でもこれを止めるどころかさらに売上を上げる方向に基準を変更してしまった結果、事態が悪化してしまったといえると思います。社長が事前に粉飾決算を指示したかどうかまでは聞けませんでしたが、いわば『場の空気』として粉飾決算が容認されてきた環境があるのかもしれません。ただ、循環取引のように外部に協力者がいた形跡はありませんので、それほど大がかりなものではないと思います。その意味においては意識改革を徹底してコストカットに努めれば、可能性がゼロとはいえないとは思いますが…」

C社修正損益計算書

	×1期	×2期	×3期
売上高	6,027,193	6,029,173	8,082,618
期首製品棚卸高	602,719	598,261	610,821
当期製品製造原価	4,801,620	5,229,182	7,922,619
小計	5,404,339	5,827,443	8,533,440
期末製品棚卸高	598,261	610,821	542,918
売上原価	4,806,078	5,216,622	7,990,522
売上総利益	1,221,115	812,551	92,096
役員報酬	208,600	303,000	385,000
給与手当	386,291	390,278	480,281
法定福利費	46,355	46,833	57,634
福利厚生費	48,201	70,271	80,751
広告宣伝費	3,618	1,083	1,209
交際費	104,921	157,299	160,281
水道光熱費	8,204	6,291	4,897
支払家賃	5,028	3,710	3,591
交通費	50,281	59,921	68,722
減価償却費	268,103	258,104	80,271
貸倒引当金繰入高	39,102	38,102	992
のれん償却	28,102	29,871	102,810
消耗品費	785	682	970
その他	2,862	7,132	4,826
販売費及び一般管理費合計	1,200,453	1,372,577	1,432,172
営業利益	20,662	－560,026	－1,340,076
受取利息	792	389	271
為替差益	2,610	183	9,017
有価証券売却益	8,720	0	0
営業外収益	12,122	572	9,288
支払利息	12,550	11,391	20,491
有価証券売却損	0	11,092	30,918
営業外費用	12,550	22,483	51,409
経常利益	20,234	－581,937	－1,382,197
貸倒引当金戻入益	0	0	37,110
固定資産売却益	0	0	20,182
特別利益	0	0	57,292
製品廃棄損	3,014	2,012	812
業務改善費用	0	0	60,291
特別損失	3,014	2,012	61,103
税引前当期純利益	17,220	－583,949	－1,386,008
法人税等	5,023	4,392	4,420
法人税等調整額	0	0	
当期純利益	12,197	－588,341	－1,390,428

宮田会計士は語尾を濁した。

「それはそうだね…。場合によっては社長の交代も検討も視野に入れることも想定しておかないと。イケイケドンドンだった社長が、今と同じマインドだったら意味ないし」

山崎弁護士はＸ社長の交替が視野にあるようだ。しかし、久保弁護士は異なる考えのようだ。

「山崎先輩、Ｃ社は今の社長の営業力によって大きくなってきたのだから、社長が交代したら取引先との関係もぐちゃぐちゃになって、再生どころか破綻一直線になってしまうかもしれない。社長交替はそんなに簡単ではないよ」

宮田会計士は、二人の顔を交互に見た。

「再生計画を作るには、まずＸ社長の真意を聞いてからになるでしょうね。今後、どのように再生していくのか、本心を聞かないことには絵を描けないですよ。それに、再生計画を作成する際のヒアリングは山崎さん・久保さんも一緒に聞いてもらった方がいいと思います。社長のパーソナリティーの問題もありますし、私は営業面についてそこまで把握しているわけでもないので、社長の説明が実現可能かどうかの判断も難しいですので」

「オッケー。それなら、一緒に聞こう！　というか、俺も社長の真意を聞いておきたいしな」

久保弁護士は携帯電話を取り出し、Ｘ社長に電話をし始めた。

3.
再建計画②
債務免除

　宮田会計士は、山崎弁護士・久保弁護士と一緒にX社長とのヒアリングに臨んだ。X社長は粉飾決算の事実は認め、その責任がX社長にあることも認めたが、それでも経営再建への意思は強く感じられた。X社長は社内改革に乗り出すこと、その際に山崎・久保両弁護士を社内顧問として経営再建に深く関与すること、会計面については宮田会計士がチェックしていくことを約束した。

　山崎・久保弁護士と宮田会計士は、3名で相談を始める。
「いや、驚いたね。この前X社長は結構落ち込んだ様子だったのに、今回はまたヤル気が復活していたよ。まだ経営していく気が満々だな。今回は落ち込んでいる感じがしなかった。これだと、法的整理よりはとりあえず私的整理で進んだ方がよさそうだな。債権者の協議が整うなら、傷口は浅くてすみそうだし」
　久保弁護士は驚きと呆れの両方が入り混じった声を上げた。
「会社更生法は社長を交替させる必要があるから現状では無理だし、民事再生法にしても倒産というイメージは避けたいだろうから、結局は私的整理なんだろうね。X社長はそのあたりもわかって発言してたんじゃないかな」
　山崎弁護士はいつもながら冷静だが、それでも驚いた様子が言葉に滲んでいる。
　宮田会計士も発言する。
「私的整理で再生計画を作成していくんですね。経営者責任を負わ

ないのであれば私的整理に関するガイドラインも申請しないでしょうし、中小企業再生支援協議会も使わないのであれば、金融機関に対しては債権放棄ではなくてリスケ交渉していく計画になりますね」

「このあたりの税務があまり詳しくないのだけど、同じ私的整理であっても、ガイドラインとか再生協議会を使えば税務的なメリットがあるということ？」

山崎弁護士の質問に、宮田会計士は答える。

「再生の段階で留意する税務は、再生会社（債務者）からは債務免除益に関する課税関係、債権者からは債権放棄損に関する貸倒損失認定でしょうね。両者は表裏一体の関係にあります。

山崎さんも久保さんも十分ご存じでしょうが、自分の頭の整理のためにも再生や清算を分類すると、次のようになるでしょうか」

	再生	清算
私的整理	私的整理に関するガイドライン 中小企業再生支援協議会の支援 事業再生ADR　等々	会社法に従った清算処理
法的整理	会社更生法 民事再生法	破産 特別清算 通常清算

宮田会計士は続ける。

「法的整理、つまり民事再生法とか会社更生法であれば、債務免除益も債権放棄も『普通は』課税されることはありませんし、私的整理でもガイドラインのような『枠組み』に従っていれば課税されません。しかし、通常の私的整理であれば基本的には債務免除や債権放棄を行った場合には課税されてしまう可能性が高いので、留意が必要です」

久保弁護士は、宮田会計士の示した紙を見ながら言う。
「C社は社長のヤル気が消えていないから、まだ自力再建を考えた方がいいんだろうな。そうすると、債権放棄要請しないことを前提に計画を作る必要があるな」
「ちなみに、税務では債権放棄はどのような場合に認められているの？」
　山崎弁護士が宮田会計士に質問する。宮田会計士は次のように答えた。
「法人税法基本通達9-6で定められています。法的手続きに基づく債権の切捨て（9-6-1）、私的整理に基づく負債整理（9-6-2）、債権放棄に基づく債権の消滅（9-6-3）の3つです。
　1つ目の法的手続きは、会社更生法や民事再生法、特別清算等ですから、これは明らかですね。2つ目はいったん飛ばして3つ目ですが、これは債務者の債務超過状態が相当期間（3～5年）継続し、金銭債権の弁済が受けられないと認められることを、書面により明らかにした場合です。債務超過の判断は、C社のように粉飾決算状態だと決算書から明らかにならない場合には、実質的な判断になります。実質的な判断が出てくる点において、少し適用が難しくなってきますね。
　で、飛ばした2つ目です。これが一番解釈が難しいのですが、私的整理に基づき『合理的な基準』で負債整理の取決めをした場合に認められます。ガイドラインや協議会であれば『合理的な基準』に該当することになりますが、C社のように自力再建の場合だと『合理的基準』と判断することが難しいのです。債権者間での協議等を経て切捨て額を合理的に決定する必要がありますが、実質的はハードルが高いと思われます」
　宮田会計士の回答を注意深く聞いていた久保弁護士が発言した。
「つまり、自力再建でも債権放棄が認められる可能性はあるとして

も、実質的にはハードルが高いということだな」
「そうですね」

4.
再建計画③
将来キャッシュ・フロー

「それでは、C社は私的整理の方向でいくとして、具体的な計画の作成に入りたいんですけど、何か要望はありますか?」
　宮田会計士は両弁護士を見ながら質問した。久保弁護士が答える。
「X社長の話を聞いていても、俺らには客観的に判断するだけの材料はこの前宮田さんが作ってくれた粉飾決算修正後のB/S・P/Lしかないんだよ。だから、宮田さんには事業ごとの損益見通しについて計算してほしいところだな。それと、資金繰り表で具体的な返済計画を作ってほしいところだね」
　宮田会計士は、再生計画の作り方についてイメージを作っていくために質問する。
「事業ごとというのはどのように切り分けますか?　個人的には、C社はここ数年M&Aをして事業を拡大してきたので、旧来からの事業とM&A後に増えた事業で分ければいいと思いますが」
　宮田会計士は、C社の状況を念頭に考えながら発言していく。
「後で社長に確認するけど、基本はその方向でいいよ」
「わかりました。次に個別的な項目ですが、まずは売上です。社長の話だと売上は伸びていく様子ですが、そのまま織り込みますか?　粗利も今後は十分に確保するようにすると言っていましたが…」
　山崎弁護士が、宮田会計士を諭すように言う。
「社長の話をそのまま聞いていたら、そもそもなぜ経営危機になっているのか?　という話になってしまうよ。ここまで事態が悪化したのは経営者たる社長の責任なんだから、バラ色の未来を語った社長の

話をそのまま聞くのではなくて、ある程度割り引いた上で作成してもらった方がいいんじゃないかな」

　宮田会計士は頷きながらも、困ったような顔だ。

「といっても、私の一存でどれだけ割り引くのかは判断が難しいところですね。株価算定と違って、割引率で調整というわけにもいきませんから、現実的な数値に落とし込む必要があります。保守的に見積もるほど、金融機関に対するリスケ交渉は難しくなるでしょうけど、楽観的に見れば再建計画提出後の計画達成が困難になって、結局元の木阿弥になりかねません。絵に描いた餅では後々苦しむことになりますからね」

「そのあたりをシミュレーションできればベストだな。宮田さん、できる？」

　久保弁護士は宮田会計士の顔を見ながら行った。

「そうですね…。エクセルを使って、変動費については変数を入れれば計画数値が変わるように作ってみますよ」

「それそれ」久保弁護士は笑った。

「そんな感じでシミュレーションできるものがあればベストだな。宮田さんは再建計画テンプレートとか作っているの？」

「そんなもの、ありませんよ」宮田会計士は半笑いで答えた。

「会社によって状況が違いますから、一律に考えることはできません。テンプレートに縛られて後から様々な計算式等をメンテナンスするくらいなら、会社ごとにイチから作った方が早いです。ただ、最終成果物のイメージは頭にあるので、これをいかに分解していくのか、ということです。」

「なんだかわからないけど、私にもわかるようにしてね」

「もちろん、見た目はシンプルに作りますよ。使えないものは意味がありませんからね。

「よろしく頼んだ！」

久保弁護士は威勢よく言った。

（後日、再建計画を策定。不採算部門は廃止し人員も一部整理した上で給与体系の見直し等を行った。役員報酬は当面50％カットした。対外的には、租税債権の支払いを優先した上で金融機関にはリスケを依頼するとともに、得意先には販売価格の増額交渉、仕入先には仕入価格の減額交渉等を進め、企業再建に努めた。）

5.
私的整理から
法的整理への移行

　C社は毎月金融機関へ試算表を提出し、現状報告を行っている。久保弁護士、山崎弁護士、宮田会計士にも毎月試算表が送られてきており、久保弁護士は頻繁に会社にも行って状況を確認している。

　8ヶ月後。久保弁護士と山崎弁護士は、宮田会計士のブースを訪れる。手にはC社の月次試算表を持っている。
「宮田さん、C社のことなんだけど。今時間ある？」
　久保弁護士は深刻な顔で宮田会計士を見た。
「どうしました？　お二人揃ってくるということは、あまり良い話ではないですね」
　普段、山崎弁護士と久保弁護士が二人揃って宮田会計士のブースへ来ることはほとんどない。二人揃って来るときは、新規案件を除いては悪い話の方が多い。
「やっぱりC社、厳しそうなんだよな。社内的にも、社外的にも」
　久保弁護士は厳しい顔を崩さない。
「何かあったんですか？」
　宮田会計士は山崎弁護士と久保弁護士の顔を交互に見た。
「まず、社内は雰囲気が最悪！　X社長のイケイケドンドンの姿勢。従業員から見たら営業成績に連動した給与体系だったから社内に浸透していたんだけど、今は連動分を少なくしているから、明らかにヤル気が減っているんだよな。会社としては人件費は削減できたけど、従業員から見たら給与が減っているわけだから、ヤル気は減るし、現に

退職者も出てきているんだ」

宮田会計士は腕組しながら答える。

「う〜ん。今までの給与が高すぎたのは理屈ではわかっていても、現実に自分の給与が減ってしまうと納得できない、ということですね。社長は相変わらずイケイケドンドンですか？」

「さすがにこの状況で再生計画の数値達成も難しくなっているのを見て、いろいろ考えているようだよ。でも、基本は変わらないかな」

「なるほど。で、社外はどうですか？」

久保弁護士は厳しい顔を崩さずに言う。

「とりあえず、租税債権と借入金はリスケ後の約弁どおり支払ってはいるよ。でも、もうすぐ決算だけど、再建計画どおりの売上や利益の達成は難しそうなんだよな。有能な営業マンの退職もだけど、販売単価の上昇とか仕入価格の値下げとか、やはりそんなにうまくは交渉できないのが現状。経費を削減して何とか回しているけど、あまりにも経費を節約しすぎると社内はまた雰囲気が悪くなるだろ。結局、悪循環なんだ」

宮田会計士はPCに向かいエクセルを開いた。エクセルにはC社の再生計画の予測値と月次試算表を転記した実績値の両方が入力しており、計画からの乖離値を比率で計算している。売上や利益は、再生計画提出直後は90％を超えていたが、毎月ジリジリと比率が下落してきており、直近では70％台へと落ち込んでいる。

「これまでの実績を見ると、再建計画達成率は8ヶ月の合計で80％強くらいですね。一応、金融機関の目線は再建計画の90％達成できれば〇、80％だと△、80％を下回ると厳しい感じですけど、ジリ貧が続いていますから、このままだと80％を切るような事態になりそうです」

山崎弁護士も久保弁護士も、宮田会計士のPCに目を移す。

山崎弁護士はPC画面を見ながら言う。
　「やっぱりそうだよね。宮田さんから再建計画はあまり楽観的に作り過ぎない方がいいっていわれたから、実現可能なレベルにしたつもりだったのに、もう80％を切りそうでは今後も厳しそうだね。それで、久保君とも相談しているんだけど、法的整理も視野に入れた方がいいんじゃないかって考えているんだ」
　宮田会計士は一瞬驚いたような顔をしたが、PCに目をやるとため息をつくように言った。
　「山崎さんと久保さんの判断なら、仕方ないですね。私は数値しか見ていませんけど、それでも厳しい状況は伝わってきていましたから、もし法的整理に移行にするのであれば反対しませんよ」
　宮田会計士は二人の顔を交互に見た。
　「で、民事再生法ですか？　会社更生法ですか？」
　山崎弁護士が説明をする。
　「久保君とも話してるんだけど、少なくとも税務署や銀行には社長が先頭切って再建していくと伝えてリスケを飲んでもらった経緯があるから、民事再生法というわけにはいかないんじゃないかと思っているんだ。民再で経営者が残るのでは、納得しないと思うし」
　「確かにそうですね。社長が私的整理で再生していくと言ったのに、今度は法的整理とはいえ依然として同じ経営陣が経営していくのでは、説得力がありませんよね。経営者責任はどう考えるのか、という話です」
　久保弁護士が頷きながら続ける。
　「やっぱり宮田さんもそう思うよな。会社を再生させるのであれば、会社更生法の方が関係者を説得しやすいと思うんだよ」
　宮田会計士は、思い出したように発言する。
　「それで、社長は納得しているのですか？　あの社長に会社更生法

を説得するのは難しいと思いますけど」

　山崎弁護士も久保弁護士も、厳しい顔だ。

　「それは俺らがX社長を説得するよ。X社長の今までの説明を全く達成できていないんだから、これ以上X社長が社長として残っても破綻しか残らないってことを説明して、納得してもらうよ。かなり骨は折れそうだけど」

　続けて、山崎弁護士が質問した。

　「それで、X社長に説明する前に、民事再生法と会社更生法の税務上の違いについても簡単に説明してくれないかな。あと、場合によっては再生ではなくてそのまま解散とか破産に移行することも選択肢の一つとして持っておきたいから、併せてお願い」

　「そういうことですね。わかりました。」

6.
税務上の事業年度

「まずは、事業年度の話からしますね。決算期がいつ終了するかで、申告のタイミングが変わりますので」

「なるほど。税務申告のタイミングはあまり意識していなかったけど、事業の継続の可否という意味だと重要かもしれないね」

山崎弁護士は言った。

「そうなんです。税務的にはいつ申告が必要かは押さえておく必要があります」

宮田会計士は一呼吸置いてからさらに続ける。

「まずは基本型ですが、税務では倒産したら、次の流れになります」

宮田会計士はホワイトボードに向かってペンをはしらせた。

解散事業年度
↓
清算中の事業年度
↓
清算最後事業年度（残余財産確定）

「例えば、3月決算の会社が8月15日に解散した場合、4月1日〜8月15日が解散事業年度となり、8月16日以降は1年単位で清算事業年度となります。したがって、解散事業年度は1年未満、清算事業年度は1年以上続く場合には1年で区切ることとなります。これが基本です」

「なるほどね。で、基本を強調するということは、例外があるってこと？」

山崎弁護士は質問してくる。

「そのとおりです。まずは、破産法から説明しますね。

破産法を適用して会社清算する場合、破産手続き開始決定の日が解散日になります。したがって3月決算の会社が8月15日に破産手続き開始決定を受けたら、4月1日～8月15日までが解散事業年度となります。これは先ほどの基本と同じです。

ところが、破産の場合には清算事業年度が定められていないので、決算期は定款に定められたままです。したがって、この場合だと、8月16日～翌3月31日までが次の事業年度になります。最後は、裁判所の破産手続き終結決定で法人が消滅するので、翌期首から破産手続き終結決定までが一つの事業年度となります」

宮田会計士が説明する。

「つまり、清算事業年度のように、解散後は1年単位というわけではなくて、従前の決算期が継続するということだね」

山崎弁護士は1回で理解したようだ。

「そうです。続いて、特別清算です。特別清算は、基本型と全く同じです。

特別清算の場合、すでに会社は解散しているはずですから、清算事業年度に入っています。したがって、裁判所から特別清算開始の命令を受けたとしても清算事業年度であることには変わりません。解散の日の翌日から1年単位の清算事業年度が継続されます。最後は、特別清算終結の決定までが1つの事業年度になります」

「特別清算の場合は、基本型のままということか。これは簡単でいいな」

久保弁護士は頷いた。宮田会計士は続ける。

「簡単なのですが、どれがどれだったかは毎回確認しないと忘れてしまうんですよ。そんなに頻繁に企業倒産事例に当たるわけでもないですからね」
「確かに」
「次に、会社更生法です。会社更生法は会社が継続するわけですから、解散事業年度という概念ではありません。会社更生法232条2項で事業年度が定められています。

会社更生法の場合、更生手続き開始の申立てが行われても従前の決算期がそのまま適用されます。その後、更生手続き開始の決定が行われると、期首から更生手続き開始日までが一つの事業年度となり、その翌日から1年単位の事業年度となります。そして、更生計画が認可されるとそこで事業年度が終了となり、終了日の翌日から当初の決算期までで1つの事業年度となるのです」
「口頭で言われてもなぁ…。だんだん混乱してきたよ。これって税理士に聞いてしまえばいいことじゃない？　図か何かあればわかりやすいけど」

久保弁護士はもっともなことを言う。宮田会計士は口ごもった。
「失礼しました。図は持っていなかったので、自分の理解のためにもまとめておきますね。

あと、最後に民事再生法だけ説明しますが、民事再生法は今までの説明とは全く関係なく、普通の会社と同じです。再生手続き開始の申立てを行っても、これまでと同様の事業年度のままです。ちなみに、通常の私的整理であれば、説明するまでもなくこれまでの事業年度と何も変わることはありません」
「とりあえず、事業年度はOK！　後で図を頼むよ！」

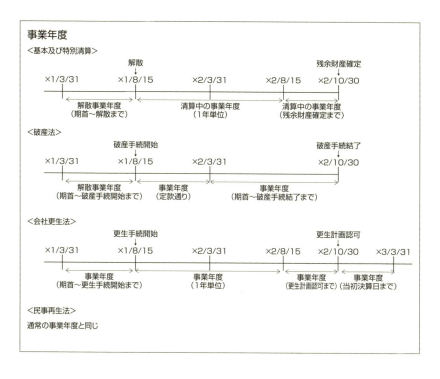

7.
民事再生法、
会社更生法の税務処理

「次に、民事再生法と会社更生法の税務処理について説明します。主なポイントは次の4つだと思います」
　宮田会計士はホワイトボードに書き始めた。

　　① 　資産評価損益
　　② 　繰越欠損金
　　③ 　仮装経理
　　④ 　欠損金の繰戻還付

「資産評価損益から順番に説明しますね」

　①　資産評価損益
「資産評価損益の計上は、通常の法人税では認められていませんが、民事再生法や会社更生法の下では認められています。これは、債務免除を受けた場合、当該債務免除益に対して税金が課せられてしまうと法人税の負担が発生してしまうためです。ちなみに、私的整理でも私的整理ガイドラインとか中小企業再生支援協議会の支援であれば、評価損益の計上が認められます」
「資産評価損益って、前に教えてもらった、時価B/Sを作成するようなイメージか？」
　久保弁護士が思い出したように聞く。
「そうですね。税法では資産評価損益について細かく規程されてい

ますけど、ざっくりと言えばそのようなイメージです」
「宮田さんにしては珍しくざっくりだね」
山崎弁護士が笑いながら言う。
「これは税理士の領域ですからね。弁護士さんは評価替えができる、ということで十分だと思います」

② 繰越欠損金

「次に、繰越欠損金の取扱いです。これも、債務免除を受けた場合の取扱いについてです。民事再生法でも会社更生法でも、債務免除を受けた場合には繰越欠損金を損金算入することができますが、これは両法で少し取扱いが異なります。民事再生法の場合は『青色欠損金』から優先的に使用しますが、会社更生法は期限切れ欠損金から優先的に使います。つまり、民事再生法の場合は、債務免除を受けた次の年度が黒字だった場合、すぐに法人税が発生する可能性がありますが、会社更生法であれば次の年度が黒字でも法人税が発生する可能性は低くなります」

「だんだん難しいぞ。何を覚えればいい？」
久保弁護士は一言でまとめてほしいようだ。
「民再の場合は、債務免除を受けた次の年から法人税支払いを気にしてください。会社更生法なら、多くの場合、次の年の法人税支払いはそれほど気にすることはありません」

「オッケー！　それくらいなら覚えられるよ。ということは、会社更生法の方が法人税の支払いが遅くなる可能性があるということだな」

③ 仮装経理

「次に、仮装経理です。一言でいえば、過去の粉飾決算を修正する

ということですね」

「お、C社も粉飾決算していたから、使える制度じゃん？」

宮田会計士は頷きながら答える。

「そうですね。その結果、C社は税金を払い過ぎていたはずです。仮想経理は、粉飾決算をした結果払いすぎた税金を、今後5年間に発生する法人税から順次控除する制度です」

「C社の今後を考える上では、将来の税金負担も大事だからな。これは重要だな」

「説明している内容は全部重要ですよ。細かいことは税理士に任せるとしても、頭の片隅には置いてほしい事項です」

④　欠損金の繰戻還付

「次に、欠損金の繰戻還付です。これは、欠損金が生じた事業年度の前の期に法人税の納付があった場合には、法人税額を還付する制度です」

「C社も使えそうな制度だね」

山崎弁護士は言った。

「そうですね。少しでも還付を受けられるのであれば、受けた方がいいと思います」

宮田会計士は一呼吸おいて、さらに続ける。

「あと、これは法的整理とは直接関係しないですが、併せて粉飾決算が行われていた場合の更生の請求についても頭の片隅に残してください。

更生の請求は、粉飾決算等により税額が間違えていた場合、正しい計算を行った結果との差額を還付できる制度です。以前は申告期限から1年以内でしたが、今は5年分に延長されています。つまり、過去5期分の粉飾決算について適用できます」

「C社の粉飾決算は最近5年以内だろ？　これも使えるんじゃん」
「そうですね。いろいろな制度がありますから、どれをどのように使えば有利・不利になるか、タックスプランニングすることになります」

「という感じで、民事再生法と会社更生法の税務のざっとした概要です」
「今まで聞いてきたけど、結局、民事再生でも会社更生でも、税務処理はあまり違うところがないね」
山崎弁護士が改めて言った。宮田会計士は半笑いで言う。
「気付きました？　細かい点では異なるところもあるのですが、大きな方針としてはそれほど違いがあるわけではないのです。ですから、民事再生か会社更生かを選ぶのは、税務的な視点より経営責任等も含めた再生の道筋との関連の方が大きいと思います」
「なら、最初からそう言えよ！」
久保弁護士は宮田会計士を睨んだ。
「でも、知識として増えたでしょ？　細かい内容はわからなくても、こんな事項が頭にあれば、会計士や税理士に聞く前に素早く検討できますよ」
「宮田さん、口がうまくなったね」
山崎弁護士が笑った。
「山崎さんと久保さんに鍛えられていますからね」
宮田会計士は続ける。
「以上は会社の税務として頭の片隅に残しておいてほしい事項ですが、社長さんだと借入金に対する保証債務の履行が気になるのではないかと思います」
「そうそう。結局、X社長が法的整理に移行したくないのは、自分

が金融機関借入に対して保証しているからなんだよな」

　久保弁護士は前のめりになった。

「法的整理は、金融機関借入金の期限の利益喪失事項に当たりますからね。金融機関としては社長に保証債務履行を求めるのは仕方ないですね。

　社長が個人資産を譲渡して弁済した場合、求償権が行使不能となった部分の譲渡所得はなかったものとみなされます。なかったものとみなされる金額は、肩代りをした債務のうち、回収できなくなった金額、前年の総所得金額の合計、売った土地建物などの譲渡益の額のうち、最も少ない金額です」

「それはそうだよね。保証債務履行のために資産を売却したのに、譲渡益に課税されたらたまったもんじゃないし」

「それでも、資産を売却するのは辛いことですよね」

8.
清算事業年度の税務処理

「次に、清算事業年度の税務処理について説明しますね。これは解散後の話になりますから、C社にすぐに役立つかはわかりませんが…」

「確か、解散後の税金の計算方法が変わったんだよな。いつだった？」

久保弁護士は清算事業年度の税務について知識があるようだ。

「よく知っていますね。いつだったかは即答できないので、調べます…」

宮田会計士はPCに向かった。

「えっと、…平成22年10月ですね」

久保弁護士が頷きながら言う。

「俺もそんなに解散の事例にあたっているわけではないのだけど、そんなことがあったことだけは覚えていたよ。解散を頻繁に担当している弁護士なら当然だと思うけど、普通の弁護士はそんなに頻繁に解散事例に当たるわけでもないから、知らない弁護士もいるんじゃないか」

「全く知らなければ今の基準だけ見ていればいいと思いますけど、平成22年10月以前に解散事例を行って、その後は担当していないと、知識がアップデートされていないかもしれませんね」

山崎弁護士が続けて言う。

「私も知識がアップデートされていない人の一人だよ。変わったことを知っているだけで、内容は全然知らないからね」

「いやいや、それだけ押さえていれば十分ですよ。後は私に聞いてくれればいいのですから」

宮田会計士は自分の発言に笑ってしまった。久保弁護士も苦笑いだ。
「宮田センセイ、自信たっぷりだな」
「いやいや、常に不安と闘いながら仕事しているけど、不安を見せないようにしているだけですよ」宮田会計士は続ける。
「簡単に言うと、清算事業年度の法人税の計算方法が変わったのです。以前は財産法といって、清算に伴う残余財産の処分手続きと関連した方法でしたが、現在は損益法といって、通常の事業年度と変わらない方法で計算します」
山崎弁護士も前のめりになって聞いてきた。
「それって、結構大幅な改正じゃない？　清算事業年度でも通常の事業年度と変わらない計算方法だったら、債務免除益が出たときに課税される可能性があるってこと？」
「先ほどの法的整理での説明とほぼ同じで、実際には債務免除益に課税されることはないと思いますよ。以前は、残った資産を負債に返済し、返済しきれない金額が債務免除益相当額という計算でしたので、残余財産がない以上課税所得もゼロ、という計算でした。今は債務免除益に相当する分の欠損金や期限切れ欠損金を控除しますから、結果的に課税所得はゼロになるはずです」
山崎弁護士も久保弁護士も安心した表情だ。
「なら良かった。債務免除益に課税されたのではたまらないからな」
「それはそうなのですが、清算中の法人であっても納税義務があることは忘れないでくださいね」
今度は、山崎弁護士も久保弁護士も驚いている。
「え、そうなのか」

9.
清算中の法人の納税

「清算中の法人であればほとんどの場合法人税の支払いは発生しないと思いますが、消費税や源泉所得税の納付は必要であることを忘れがちだと思います」

「えっ…。でも、消費税は売上がなければそもそも発生しないだろ？　あと、破産管財人報酬も源泉徴収されるってこと？」

久保弁護士は矢継ぎ早に質問してくる。

「まずは、消費税から答えますね。消費税は売上がなければ発生しませんが、清算手続き中に物件処分することもありますよね？　例えば、土地建物を売却した場合、土地は非課税ですが建物は課税ですので、清算中であっても消費税の課税売上が発生することになります。したがって、清算中であっても消費税がかかる場合があるのです」

説明を聞いても、久保弁護士は納得のいかない表情だ。

「そう言われればそうだけど、清算中でも消費税を納税しなくてはいけないのはスッキリしないな」

宮田会計士もスッキリしない表情で答える。

「制度ですので、としか言いようがありませんが…。ただ、消費税は２期前の売上が1,000万円を超えている場合に課税されますので、清算が２年超かかりそうな場合には、３年目に入ってから売却すれば消費税がかからなくなりますよ」

「どういうこと？　よくわからないな」

今度は山崎弁護士が問いかけてくる。

「清算中は営業活動していませんから、物件売却を除き課税売上は

発生しません。したがって、清算中の事業年度は課税売上が1,000万円を下回っている方が多いと思います。であれば、清算事業年度の第1期目の売上が1,000万円を下回っていれば、第3期目は消費税の非課税業者に該当することになるため、建物のように1,000万円を超える物件を売却しても消費税が課されることはありません」

考えながら聞いていた山崎弁護士は、さらに質問してくる。

「なるほど。でも、そもそもの疑問として、消費税は本体価格にプラスしているだけだよね。消費税を納税しようがしまいが、影響はないんじゃないの？」

この質問に宮田会計士も苦笑いだ。

「山崎さん、税務署みたいなことを言いますね〜。

確かに山崎さんの言うとおりなのですが、消費税の非課税業者は、消費税の税込価格を自社の売上として認識していいのです。例えば、建物本体の税抜売却価格が5,000万円だった場合、税込で5,400万円のキャッシュインが見込まれます。消費税の課税業者であれば受け取った5,400万円のうち400万円は納税しなければなりませんが、非課税業者であれば消費税を納税する必要がありませんから、5,400万円は丸々手元に残ることになります」

山崎弁護士も納得顔だ。

「ということは、1,000万円を超えるような資産を売却する場合は、できるだけ後半に行えば消費税がお得になる可能性があるということになるね」

「そういうことです。ただ、当該資産の売却時期がタマタマ消費税の課税業者か非課税業者かの境目の時期に近ければ検討が必要になりますが、固定資産の売却は購入者を探すだけでも時間がかかるケースが多いですから、消費税だけを考えて売却時期を遅らせることが経済合理性のある行動かは微妙だと思います。これは、知識として頭の片

隅に残っていれば、という程度でしょうか」
　久保弁護士はスッキリしない顔で独り言のように言う。
「消費税の課税業者と非課税業者の制度がこのようになっているのはわかるけど、制度そのものはあまり納得がいかないよな。だって、非課税業者は消費税率が上がれば上がるほど自分の売上が増えるってことだろ。消費者が支払った税金が業者の手元に残るって、あまり美しい制度とはいえないよな」
　宮田会計士は困った顔だ。
「私にそんなこと言われても…。国も、消費税の徴収漏れが発生しないように制度も少しずつ変更しているようですし、最近消費税に関する税務調査が非常に多いのは、消費税率が上がることに対する国民の不満を少しでも解消するためといったこともあるみたいですよ。ただ、それはそれとしても、個人的には、消費税率をあげるのも大事ですが、非課税業者の制度も変更した方がいいと思っています。中小企業の保護という話もありますが、そもそも消費税は価格に転嫁されているのですから、中小企業を保護して国民に負担をかけるのはいかがなものかと考えてしまいます。
　消費税はこれくらいにして、あと一つの源泉税の話に移ります」
「そうそう、源泉税も気になるよ。破産管財人も源泉されるのか…」
　久保弁護士は源泉されることにも納得いっていない顔だ。
「これは、国税不服審判所で平成14年2月25日に裁決がでています。破産管財人報酬も源泉徴収が必要との判断がでています。言うまでもなく、他の専門家報酬や清算人報酬も源泉徴収が必要だということを覚えておいてください。源泉徴収は忘れやすい項目なので」
　山崎弁護士は少し笑いながら言う。
「私も忘れるところだったよ。でも実際、源泉徴収を忘れるケースって多いんじゃないの？　例えば、私だったら源泉徴収されていなくて

も確定申告でちゃんと申告するから、税務署からしたら源泉徴収していなくても税金の取りっぱぐれはないと思うけど」

　宮田会計士は、二人の弁護士の顔を交互に見ながら言う。

「個人的にもそう思うのですが、税金はそのような制度になっていないのです。源泉徴収義務が課されている者に納税義務が発生するので、仮に源泉徴収せずに報酬を支払ってしまった場合には、当該報酬を受けた人に返還請求するか、支払った金額が源泉徴収後の金額であるとみなして報酬金額を計算し直すことになると思います」

　久保弁護士はボソッと言う。

「清算中であれば皆関係者ばかりだから、返還してくれると思うけどな」

「そうであればいいですが、源泉徴収制度についてはなかなか理解してくれない人もいますからね。こんなことで新たなもめごとを起こさないためにも、源泉についても頭に残しておいてください」

あとがき

　2014年、夏本番。束の間のコーヒータイム。

「久保さ〜ん。弁護士向けに会計本を書きたいんだけど。どんな本だったら読みたい？」
　突然、宮田さんがやってきた。
　そのときの私の回答はこんな感じ。
「細かい理屈とかはいいから、パッと読めて、実務に即した視点で書いてあって、それでいて基本的なことが網羅してる入門書みたいなのがあったらいいな…」

　　　　　　　　＊　　　＊　　　＊

　弁護士の数が増大し、当然ながら競争が激化する中、一昔前とは違い、弁護士に依頼をする人は、「この弁護士は何ができるのか」という視点で見るようになりました。
　特に企業と関わる弁護士にとって、「数字」は避けて通れません。
「この会社、どう思います？」と取引先の決算書を見せられるのは日常茶飯事。また、事業スキームを法的に検討する上でも、税務・会計処理の視点も含めて検討しなければ、何の意味もありません。
　今や、弁護士は「ただの法律の専門家」ではいられなくなったのです。
　ただ、弁護士は「あくまでも法律の専門家」であるのもまた事実。器用貧乏になってもいけない。
　そんなジレンマの中、私は宮田さんに、先の我儘な要望を出したわけですが、そんな我儘な要望に100点満点で答える形で本書は誕生

しました。私自身が登場人物となるオマケつきで…

　私が本書を読んだ感想を一言でいえば、
「もっと早く、この本に出会っていれば…」
もう一言付け加えれば、
「現実の俺はこんなせっかちじゃないぞ…」
かな（笑）

　本書の登場人物の一人として、本書が多角的視野のリーガルサービス向上の一助となることを願いつつ。

2014年12月

　　　　　　　　　　　　　　　　　　　　　弁護士　久保　潤弥

■著者紹介

宮田　敏夫（みやた　としお）

1973年神奈川県生まれ。法政大学経営学部経営学科卒業。公認会計士、税理士。
監査法人トーマツにて金融機関、事業会社等の会計監査及び財務デュー・デリジェンス業務等に従事。その後、都内税理士法人やコンサルティング会社を経て、平成20年1月宮田公認会計士事務所を設立。平成23年4月に望月一史弁護士（現　翔和総合法律事務所）との業務提携を開始し、平成25年7月に翔和総合法律事務所（望月一史弁護士、大胡誠弁護士、山崎勇人弁護士、久保潤弥弁護士）と業務提携を開始する。
現在、会計監査、税務顧問のほか、弁護士との共同で税務訴訟対応、デュー・デリジェンス業務（会計・財務担当）、株価算定業務、相続対策等を行っている。

弁護士が知っておくべき会計・税務
弁護士先生!!　顧問会社の本当の姿を知ってます？

2015年2月6日　発行

著　者　　宮田　敏夫 ©

発行者　　小泉　定裕

発行所　　株式会社 清文社

東京都千代田区内神田1-6-6（MIFビル）
〒101-0047　電話03(6273)7946　FAX03(3518)0299
大阪市北区天神橋2丁目北2-6（大和南森町ビル）
〒530-0041　電話06(6135)4050　FAX06(6135)4059
URL http://www.skattsei.co.jp/

印刷：大村印刷㈱

■著作権法により無断複写複製は禁止されています。落丁本・乱丁本はお取り替えします。
■本書の内容に関するお問い合わせは編集部までFAX（03-3518-8864）でお願いします。

ISBN978-4-433-56894-8